Le développement de l'Afrique
A quand le bout du tunnel?

Mohamed Lamine DOUMBOUYA

Le développement de l'Afrique
À quand le bout du tunnel ?

Préface de Carlos LOPES

L'Harmattan

Du même auteur

Guinée, réformes des finances publiques, avril 2019
Les trop dits et non-dits de l'aide au développement, juin 2016

5-7, rue de l'École-Polytechnique, 75005 Paris

http://www.editions-harmattan.fr

ISBN : 978-2-343-25462-3
EAN : 9782343254623

REMERCIEMENTS

À mes parents et mes éducateurs qui m'ont appris comment bien vivre en société et contribuer à son édification harmonieuse.

À Mariama et nos enfants, dont l'affection et le soutien ne m'ont jamais fait défaut.

Au Pr Sanni Yaya Hachim, Dr Mamoudou Touré, Elhadj Baila Ly et Dr Nakelsé Tébila dont les remarques, suggestions et critiques ont contribué à la qualité de ce travail.

À tous ces personnes, collègues et amis qui, inconditionnellement et généreusement, m'aident chaque jour à être meilleur et utile à la société.

SOMMAIRE

PRÉFACE

par Carlos Lopes[1]

Il est devenu monnaie courante d'affirmer que l'Afrique est en transition. On le répète dans tous les fora, discussions politiques, débats médiatiques et autres. Normalement on associe à ce lieu commun une explication des difficultés auxquelles le continent est confronté, en commençant, tout d'abord, sur la description de la situation de pauvreté, passant ensuite sur une panoplie d'explications sur les particularités qui justifieraient des traitements assez spécifiques. Cela peut donc décourager beaucoup de lecteurs, qu'on leur offre encore un autre volume sur la théorie du développement qui est devenu le domicile de ces débats. Et, pourtant, pour tous ceux-là, dont l'intuition pessimiste les éloignerait de ce livre, auront tort.

L'analyse qui est offerte par Dr Mohamed L. Doumbouya défie les sentiers battus. Cela vaut la peine de savoir pourquoi.

Tout d'abord, l'auteur commence par présenter ses arguments sur les concepts, institutions et pratiques du développement en Afrique et les raisons qui nous ont conduits à une impasse durable. En grande partie c'est le résultat, affirme-t-il, d'une pensée répétitive et certains diraient caduque, qui a marqué nos consciences collectives pendant une très longue période. Il critique en particulier le manque d'originalité – camouflé, paradoxalement, par le cri

---

[1] Professeur à la *Mandela School of Public Governance*, Université du Cap et Sciences Po, Paris.

de lamentations sur les caractéristiques singulières de ces mêmes pays africains.

Les pays africains sont entrés dans le nouveau millénaire avec la fatigue de deux décennies perdues, à cause des programmes d'ajustement structurel. Ils ont commencé le nouveau siècle avec une volonté affichée de faire mieux, d'introduire des réformes et d'asseoir leur autorité dans l'échiquier international. Ils se sont dotés d'instruments de gouvernance plus performants. Pendant l'ajustement structurel, ce n'est pas seulement le PIB de la plupart des pays qui a chuté. L'ensemble des indicateurs sociaux, mais encore davantage la forte détérioration des indicateurs macroéconomiques qui devraient, pourtant, bénéficier de ces politiques plus restrictives, ont tous dégringolé. La revirevolte enregistrée depuis a certainement bénéficié de ce point bas. Mais il fallait encore avoir la notion de ce que devraient être les nouvelles priorités.

L'auteur nous rappelle que la préoccupation relative à la gouvernance n'est pas proprement centrée seulement sur l'Afrique. Les diverses politiques internationales, y inclus les Objectifs du Millénaire pour le Développement (ODD) de l'ONU, ont presque toutes défendu une telle priorisation. C'est un sujet universel, amplifié par le constat plus diffusé de nos jours de niveaux d'inégalité spectaculaires entre pays, mais aussi dans les pays. Un processus de transformation structurelle des économies exige des institutions capables et pérennes. Il n'est pas possible de produire des résultats palpables en termes de développement sans compter sur de telles capacités.

Les grands débats sur la libéralisation ont tout simplement montré la primauté des négociations commerciales pour l'établissement d'un nouvel ordre économique international. Au fur et à mesure que le système financier a pu consolider son ascendant, un autre choix de priorités a primé, en faveur de ce système et au détriment du rôle du commerce dans la croissance mondiale. Mais, cette nouvelle distribution de pouvoir ne s'est pas négociée. Les pays africains se sont retrouvés en porte à feu de ces changements. Ils ont adopté des politiques que les donneurs de leçons ne voulaient pas pour eux-mêmes, et ont encore fait les frais de la crise du système financier global de 2008-2009, suivie maintenant par les répercussions tectoniques de la pandémie Covid-19. Libéralisez, disaient-ils, pendant qu'ils garantissaient les subventions, relances gigantesques et autres entorses aux principes qu'ils proclamaient pour les autres. Les exemples abondent.

Ce livre fait l'inventaire de ces opportunités perdues en termes de politique économique et sociale. Mais il ne le fait pas simplement avec la froideur d'une démonstration macroéconomique. Il s'agit ici plutôt d'un tour d'horizon des limites, des échecs, des approches, des institutions, en bref d'une histoire des apprentissages personnels et institutionnels. Pour étoffer cette approche, il cite souvent sa Guinée natale — pour une démonstration plus convaincante des défis liés à l'établissement de politiques consistantes.

Au fond l'argument principal de ce livre est la défense d'une gouvernance basée sur le principe de l'appropriation, centré sur les valeurs éthiques et visant la solidarité collective. Cette solidarité choquera certainement avec une corruption qui érode les valeurs éthiques et qui empêche aussi la création d'emplois durables et modernes. Il faut installer une logique où le bien public commun prévaut et la croissance a les qualités associées à cette même solidarité collective. Puisqu'on expérimente tellement en Afrique, l'auteur en guise de provocation propose qu'on expérimente plutôt ce piment africain. Il y a, certainement, moins de risques pour l'ensemble. On n'a qu'à copier les pays de l'Asie du Sud-est, qui pratiquent avec succès une telle approche depuis longtemps, pour pouvoir sentir les bénéfices d'une diminution des inégalités accompagnés de croissance et transformation structurelle. Que les leaders, partenaires, institutions s'unissent pour soutenir ce qui peut faire la vraie différence dans la vie des plus démunis. L'auteur le dit avec véhémence et clarté :

« Finalement, la conduite du développement d'un pays exige pour réussir de porter attention à sa gouvernance dans son ensemble : la gouvernance administrative, la gouvernance macroéconomique et financière, la gouvernance sociale et culturelle... Lorsque la gouvernance des politiques publiques est déficiente, les décisions qui en résultent le seront tout autant et le processus du développement n'en sera que retardé ou compromis ».

Ce livre est un appel au changement. Venant de quelqu'un qui a exercé des responsabilités ministérielles importantes c'est aussi un bilan et une confession. Un bilan indirect de ce qui a réussi ou pas, des leçons apprises et des possibilités de transgressions et d'amplification. Mais une confession aussi d'une impatience pour le changement, d'une frustration avec l'interférence de certains acteurs, surtout étrangers, mais locaux aussi, qui trébuchent et hésitent.

Carlos LOPÈS
Professeur à la *Mandela School of Public Governance*,
Université du Cap et Sciences Po, Paris.

INTRODUCTION

Que n'a-t-on pas écrit ou dit sur la problématique de développement de l'Afrique ? Des théoriciens de la pensée économique aux décideurs des politiques publiques de développement, en passant par les institutions financières bilatérales et multilatérales, les organisations non gouvernementales (ONG) et autres, la littérature sur le développement, plus particulièrement sur le développement de l'Afrique, est encore plus abondante que son apport véritable en termes de solutions efficientes pour un changement véritable des conditions de vie des populations.

L'Afrique d'aujourd'hui ressemble à un théâtre d'essais, de réflexions produites dans les « laboratoires de recherche » ou dans des Institutions dites de soutien au développement ; tandis que les Africains, décideurs et autres élites confondus, sont assimilables à des consommateurs d'idées et de solutions expérimentales exogènes. En d'autres termes, tout se passe comme si les schémas utilisés à date étaient de vouloir développer l'Afrique, améliorer le bien-être de ses populations sans l'implication effective des véritables acteurs que sont ces femmes et hommes qui, du lever au coucher du soleil se battent dans un environnement difficile avec les moyens qui sont les leurs, pour renforcer leurs capabilités et améliorer leurs conditions de vie. N'est-ce pas prétentieux ?

À bien des égards, sous hypothèse de faible qualité des statistiques fournies, les données globales sur le niveau de développement du continent au cours de six dernières décennies donnent raison aux afro-pessimistes. Il s'agit notamment des indicateurs essentiels au bien-être comme l'accès aux services de santé, à l'éducation, à l'eau potable ou encore à la sécurité alimentaire. En Guinée, une Enquête Harmonisée sur les Conditions de Vie des Ménages (EHCVM, 2018-2019) a révélé qu'en dépit des efforts fournis dans le renforcement de la gouvernance du système sanitaire national, l'accès aux services de santé est encore préoccupant. Environ 11,8 % des patients résident à plus de 10 km de la structure sanitaire la plus proche ; ramené au critère zonal, ces statistiques sont de 16 % pour la zone rurale, 4,1 % pour la zone urbaine et 2,7 % les autres zones urbaines. Concernant le secteur de l'éducation, le taux net de scolarisation (TNS) est estimé à 64,5 % au primaire (dont 66,9 % chez les garçons et 62,0 % chez les filles) ; au secondaire ce taux revient à 26,9 % (dont 32,3 % chez les garçons et 21,9 % chez les filles). Enfin, relativement à l'accès à l'eau potable, les résultats de cette enquête révèlent que 79 % des ménages (75 % en 2012) consomment de l'eau issue de sources améliorées[2], soit 98 % en zone urbaine et 70 % en zone rurale.

Les récentes dégradations de la sécurité des personnes et de leurs biens s'additionnent à la comptabilité d'indicateurs qui font frissonner les cœurs sensibles et qui sont de plus en plus instrumentalisées à des fins autres que de servir de véritables outils d'aide à la prise de décisions effectivement en faveur du développement. Aujourd'hui, plus que jamais, la question de développement du continent africain demeure entière. Certes, certains pays enregistrent des niveaux de croissance économique de plus en plus élevés, toutefois en observant de près ces pays l'on se rend compte que ces croissances sont engendrées soit par la rente minière (RDC, Guinée, Zimbabwe…) soit par la rente pétrolière (Nigéria, Tchad, Angola, Guinée Équatoriale ou encore le Gabon). Cela va sans dire qu'une bonne partie de

---

[2] Robinet, les bornes/fontaines publiques, les puits à pompe, les forages, les puits creusés, les sources protégées et l'eau de pluie.

ces richesses est rapatriée au profit des capitaux investis tandis que les pays concernés se contentent généralement d'une « portion congrue » qui crée en réalité plus de problèmes dans son partage que de solutions satisfaisantes apportées aux besoins socialement exprimés.

Les performances économiques réalisées par certains pays africains (Botswana, Rwanda, Éthiopie...) et les effets d'impact produits sur les populations dans ces pays permettent néanmoins quelques lueurs d'espoir quant aux possibilités d'amélioration effectives des conditions de vie des populations africaines. Cette tendance peut s'accélérer et ses bénéfices peuvent aussi se répandre plus largement à condition que d'investir dans ce que Rodrik (2004) appelle : (1) "le développement des capabilités fondamentales" qui combinent à la fois la valorisation des ressources humaines et l'essor et la résilience de nos Institutions ; et (2) la transformation structurelle de nos forces de production dans le temps.

Toutefois, la question qui se pose est celle de savoir si cette approche rime avec la volonté tendancielle plus ou moins intentionnelle de déposséder l'État prématurément de ses prérogatives en le substituant par des monopoles privés (Stiglitz, 2002) ou d'associations et autres ONG de toutes sortes.

À cette question se greffe la problématique des aides au développement. En effet, ces aides de sources aussi diverses que variées, sont souvent accompagnées de la meilleure des bonnes volontés de la part des différents donateurs dont les intentions sont toutes aussi diverses et différentes que leur nombre. Cette générosité plurielle ne laisse parfois que peu de places, voire peu de temps, aux bénéficiaires de concevoir et conduire raisonnablement leur propre vision de développement. Autant d'experts aux origines institutionnelles ou étatiques différentes correspondent à autant de méthodes, autant d'approches et autant de solutions ou visions de développement pour des pays aux capacités en ressources humaines nettement limitées. Chacun croit en sa méthode et fait tout pour l'imposer, peu importe qu'elle soit en contradiction avec d'autres approches en cours. Pour accéder à l'aide, le pays partenaire doit tout simplement l'appliquer.

Quant à l'approche nationale, en plus du peu de considération qu'elle suscite, celle-ci est généralement reléguée au statut de supplétif ou tout simplement de variable d'ajustement compte tenu du fait que la plupart des décideurs de politiques publiques manquent de confiance en eux-mêmes ou parce qu'ils croient que cette aide est indispensable au développement de leur pays.

Comme indiqué précédemment, l'expert, convaincu que sa recette est meilleure, subordonne le plus souvent sa coopération (aide budgétaire, financement de projets et autres accompagnements) à l'implémentation de celle-ci, qu'il a le plus souvent conçue à distance, à partir des données recueillies, dont le degré de fiabilité reste à désirer. En face de l'expert, le délégataire du service public, même non convaincu des propos de l'expert, s'évertue à les appliquer au risque de perdre les avantages promis. Par moment, doutant de ses propres capacités, il va jusqu'à « déléguer » à son tour à l'expert la mission pour laquelle il occupe sa position.

Imaginons à présent le tableau où chaque expert coopérant défendant la position de son Institution parvient à persuader ces agents décideurs de politiques publiques à appliquer leur(s) solution(s) ; que de faisceaux de solutions pour une capacité de coordination que l'on sait limitée et qui ne laissent que peu (ou pas) de place à l'émulation d'une volonté nationale ou politique intrinsèquement authentique, qui devrait en principe primer.

Le développement est une question de responsabilité

Le développement, en tant que résultat et/ou processus, n'est accessible que par le biais des instruments étatiques qualifiés et efficients, aidant à concevoir, à réaliser, à suivre et à évaluer l'action publique. Pourvu que ces dernières viennent des acteurs effectivement concernés, qui rêvent de ce développement, identifient conséquemment les instruments appropriés susceptibles d'apporter des changements effectifs et positifs dans leur quotidien tout en composant avec le volet culturel. C'est du changement endogène voulu et conduit en toute connaissance de cause. En d'autres termes, il s'agit de rêves dans lesquels les populations s'imaginent dans une bien meilleure situation, en parfaite symbiose culturelle avec l'évolution des choses et toutes ces riches et valeurs sociétales qui leur permettent de trouver dans leur communauté des réponses optimales à leur questionnement ; réponses qu'ils ne pourraient obtenir autrement à satisfaction.

Le rêve américain dont on parle assez notamment dans les films, dans les documentaires, dans la presse ou encore dans les débats politiques n'est en réalité qu'une façon de faire comprendre à chaque personne présente (ou arrivant) sur le sol américain qu'elle est responsable de son propre destin. En tant que pays de liberté et de paix, toute personne est en mesure de changer ce destin, avec de la détermination, du travail et du courage. Bien sûr, la réalité peut être parfois toute autre pour beaucoup d'Américains, mais le plus important reste cette croyance au changement de son état et qui anime ces milliers d'Américains. La particularité de ce rêve est de s'appuyer sur des facteurs endogènes que les Américains cherchent à transformer pour en faire des outils d'influence.

Pourquoi croyons-nous en Afrique que les rêves des autres pour nous et à notre place, sont ceux dont nous avons besoin pour être heureux ou nous développer ? Ne sommes-nous pas les meilleurs juges de nos propres intérêts ? Comment situer la responsabilité des changements qui interviennent dans notre quotidien dans ce cas ? Que lèguerons-nous aux générations futures comme expression de l'effort ?

À propos des appuis des partenaires multilatéraux

Durant la décennie 1980, le modèle économique libéral avait été vendu aux pays africains, par le Fonds monétaire international (FMI) et la Banque Mondiale, comme solution de choix pour sortir du sous-développement. L'objectif était de revoir les comportements économiques des États, dont la présence dans la sphère économique engendrait des distorsions dans les rouages économiques. Les marchés n'arbitraient pas librement, disait-on. Il fallait donc passer d'un système de « tout État » à celui de « mieux État » : dégraisser la masse salariale de la Fonction publique, contenir la dette publique, qui devenaient incontrôlable ; stabiliser les taux d'inflation et les ramener au plus bas possible, à un chiffre ; améliorer la balance des paiements ; déléguer la responsabilité de la croissance économique au secteur privé donc privatiser les entreprises publiques existant, y compris celles qui étaient rentables à l'époque. Pour y parvenir, les assistances techniques et financières de ces Institutions ont été dès lors subordonnées à l'adhésion au Programme d'Ajustement structurel (PAS), pour bénéficier de l'appui de ces Institutions.

Sous contraintes et aussi en manque de confiance, la quasi-totalité des pays africains a adhéré à ces programmes et accepté une moindre présence des États dans les domaines aussi essentiels et stratégiques que la santé et l'éducation (pour ne citer que ces deux secteurs), qui sont pourtant fondamentaux pour toute amorce de développement.

Certes, ces États venaient de se constituer, les accès aux indépendances remontant à peine à deux décennies et demi — donc le contrat social État – populations était en pleine construction et les traumatismes de la période coloniale à peine cicatrisés — et on leur demande en situation de fragilité de privatiser les quelques rares secteurs par lesquels ils procédaient à des transferts réels à leur population, toutes choses qui renforçaient leur légitimité et rétablissaient dans le temps la justice économique et sociale. Nous reviendrons sur ce point, mais précisons que cette option a été une des sources de déresponsabilisation des États de leurs obligations et dont les conséquences se sont répercutées sur les marchés africains de l'emploi, structurellement déséquilibrés, et sur la sécurité des personnes et leurs biens.

L'approche privilégiée dans ce document est celle qui consiste à concevoir et implémenter les politiques publiques à partir de la volonté des populations, ce qui implique une consultation régulière des populations à la base, une prise en compte de leurs aspirations et donc leur inclusion dans les différentes étapes de l'exécution des politiques publiques.

Le premier chapitre de l'ouvrage traite du lien entre la culture et le développement avec une emphase sur le rôle de l'État ; cette puissance publique qui peut être un vecteur d'amélioration du bien-être collectif, lorsqu'elle est bien gouvernée ; mais aussi un facteur de déconstruction des organisations et de compromission du vivre ensemble dans une nation, lorsque la mal gouvernance s'éprend d'elle. Ce chapitre montre aussi qu'un pays ne saurait se dénuder culturellement pour aspirer à un développement durable : la culture est l'identité du développement.

Le deuxième chapitre montre que le dualisme économique et financier qui caractérise les sociétés en Afrique prend sa source des économies de comptoirs construites en période coloniale et dont les institutions postes coloniales n'ont toujours pas refondées pour bâtir des systèmes économiques et financiers culturellement adaptés, homogènes et inclusifs, et susceptibles d'absorbés toute cette force productive oisive qu'est la jeunesse africaine. Les décideurs de politiques publiques doivent faire attention à la qualité des croissances économiques réalisées et les effets d'impact qu'elles produisent en termes de bons emplois générés, de revenus localement distribués et de contribution effective à la transformation structurelle desdites économies.

Le troisième chapitre révèle, à l'image des chemins empruntés par les pays développés, que les voies pouvant conduire au développement sont plurielles, longues et complexes. Évidemment, tous les pays africains veulent se développer ; mais les instruments mobilisés sont soit obsolètes, soit inappropriés pour ce faire. Un développement durable se construit progressivement avec du capital humain bien formé, un système de gouvernance transparent et une approche de prise de décisions participative. La résilience des institutions en dépend.

Le développement de l'Afrique se fera par les Africains ou ne se fera pas.

I

État, Culture et Développement

Dans les pays où la gouvernance est de bonne qualité, c'est-à-dire axée sur l'amélioration efficiente et effective des conditions de vie des populations et sur la mise en place d'un cadre socioéconomique et politique cohérent et favorable au progrès économique et social, les institutions sont en effet résilientes et la démocratie ne se résume pas à une simple élection des hommes et des femmes. Les choix portés sur ces personnes s'expliquent notamment par leur capacité à faire preuve de bonne gouvernance, à faire respecter la justice et à renforcer la résilience des institutions étatiques.

Le plus souvent, les décisions de politiques publiques prises dans ces États sont inclusives, car elles sont partagées, puis entérinées après consultation des acteurs, et les degrés de transparence associés dissuadent des pratiques distorsives au sein du système. Les gouvernements dans ces États connaissent leur limite, mais ne s'en tiennent pas, au contraire ils les repoussent par la qualité des organisations mises en place, la qualité et la manière de concevoir, conduire et évaluer les projets. Tout ceci se fait ensemble, comme pour dire que les choses qui durent plus et qui profitent plus aux acteurs sont celles qui sont mieux partagées, collectivement comprises et communément conduites.

Le développement peut être facile à atteindre lorsque la vision est commune et les instruments harmonieusement identifiés et inclusivement mobilisés pour aller de l'avant.

Agir autrement, c'est courir le risque d'engendrer des obstacles, construits ou non, qui finissent par prendre des ampleurs inattendues et dont les coûts échapperont à tout contrôle. La force d'un État, contrairement aux idées reçues, ne se mesure ni par sa richesse matérielle, ni par ses richesses naturelles, ni par son potentiel productif. Lorsqu'on dit d'un État qu'il est fort, c'est qu'il dispose d'un capital humain riche, varié et productif. La plupart des rapports sur le développement, que ce soit ceux rédigés par les partenaires au développement ou ceux issus des administrations publiques africaines s'accordent sur la faiblesse des capacités en ressources humaines au sein des administrations publiques, pour justifier les problèmes de gouvernance et les retards dans le développement. Ce qui est tout à fait normal, parce qu'il ne faut attendre d'une administration publique de faible capacité, qu'elle prenne des décisions de grandes portées et aux effets d'impact réels et satisfaisants.

Pourtant, la valorisation des ressources humaines devrait être le fondement de toute entame de développement. C'est sans doute une voie certaine pour la promotion d'Institutions résilientes, qui incarnent l'identité de la société, et qui sont disposées à servir le peuple.

1) L'État, le pivot de tout développement

La littérature économique abonde de théories sur le rôle économique de l'État dans le développement. Nous ne rentrerons pas dans ces développements qui sont certes intéressants à explorer pour mieux appréhender les compréhensions des uns et des autres sur une telle question à la fois essentielle et complexe à cerner. Notre approche dans ce livre n'est pas d'idéaliser les actions à conduire, elle n'est pas non plus normative ; elle s'appuie sur l'évidence et sur le pragmatisme.

En d'autres termes, nous partons des questionnements à savoir comment, à partir des demandes sociales récurrentes et complexes, peut-on concevoir et conduire de façon adaptée des politiques publiques pertinentes ? Quelles sont les relais efficients des échos des interventions de l'État dans les sociétés en développement ?

Il nous parait évident pour commencer qu'il ne peut y avoir de développement sans une organisation harmonisée et dument gouvernée, apte à porter pertinemment et harmonieusement le projet de toute une société, les rêves de toute une Nation, et ce de façon durable. Cette organisation n'est autre que l'État qui, à travers les collectivités locales, les établissements publics administratifs et autres sociétés d'État, décide des politiques publiques et autres règles à conduire dans la cité (pouvoir exécutif). En outre, l'État légifère et contrôle le pouvoir exécutif (pouvoir législatif), la conformité juridique des règles ainsi que leur application, tranche les éventuels litiges et réparations associées (pouvoir judiciaire).

La concentration de tous ces pouvoirs dans les mains de l'État en fait le dépositaire de la puissance publique et le premier responsable de tout ce qui se passe en bien et en mal dans un pays. Il en résulte que lorsque l'appareil étatique fonctionne raisonnablement, ces trois pouvoirs opèrent en harmonie pour un seul et même objectif, celui de veiller à l'épanouissement de tous les acteurs vivant sur le territoire national. Les dépositaires des pouvoirs discrétionnaires qui les dirigent font preuve de discernement et de responsabilité pour éviter d'instrumentaliser l'appareil étatique à des fins autres que la provision conforme aux règles du service public. Les espoirs pour un développement certain sont alors assurés. Les Institutions entrent dans la résilience et résistent à toute forme de dévoiement et/ou d'instrumentalisation à des fins privées ou opposées à l'intérêt collectif. Bien évidemment, on arrive à cette situation lorsque les hommes et les femmes qui dirigent l'appareil public sont dévoués à pourvoir le service public de qualité ou ont été choisis « par le peuple et non par la corruption », Fattah (2011).

En revanche, lorsque l'État manque d'un cadre de gouvernance efficient et prévisible, les instruments pour gouverner sont tohu-bohus, les Institutions publiques souffrent d'atonies parce qu'elles sont utilisées à des fins personnelles, parfois en contradiction avec les règles de base. Le plus souvent, ces instruments servent à prêcher ce dont-on est « incapable de réaliser », en faisant comprendre à tous que « le gouvernement est au contrôle » : tout va bien, entend-on dire souvent, même si cela ne se vérifie pas sur le terrain. Dans un tel contexte, les quelques rares personnes se refusant de croire à cette affirmation illusoire se font courtiser par des gouvernants, qu'elles appartiennent à la société civile, au mouvement syndical, à l'opposition, ou à la presse, peu importe, « il faut les gérer » ; à défaut de les avoir de son côté, il faut au moins obtenir d'elles l'indispensable silence ou qu'elles se rendent volontairement myopes pour ne pas voir le mal se produire. Question de conscience !

À court terme, cette illusion que *tout va bien* peut fonctionner. Toutefois, à moyen et long terme, les rideaux finissent par tomber et l'on se rend compte du niveau de nudité dans lequel les délégataires du service public ont porté l'État. Ils s'en suivent les réactions ou mécontentements populaires. Bien évidemment les personnes à « gérer », toujours en position de « leader d'opinion » désireuses de garder la confiance dont elles jouissent auprès du peuple, reviennent à charge, se montrant cette fois-ci plus virulentes encore contre le système à la fois pour obtenir le maximum de ressources corruptives possibles, afin d'entretenir leurs réseaux, donc calmer les ardeurs et surtout se faire entretenir plus qu'avant. De la surenchère !

Habituellement, les réactions des citoyens aux événements qui les touchent sont lentes et viennent après coup. On peut citer ici l'exemple de la montée progressive de la contestation au Burkina Faso contre le Président Blaise Compaoré qui a abouti à sa chute en novembre 2014. La chute plus récente du régime du Président Alpha Condé et les réactions populaires qui en ont suivi en sont aussi une autre illustration. Toutefois, la survenance de ces réactions engendre des sentiments plus ou moins positifs vis-à-vis des dirigeants. Lorsque ces sentiments sont négatifs, et donnent lieu à une crise de confiance durable, les citoyens ne voient que de la duperie dans tout ce que font les décideurs, même si cela s'avérait sincère et utile pour eux. Cette situation résulte d'une longue période de promesses non réalisées où les acteurs ne se font plus d'illusions sur la supercherie qui caractérise le mode de gouvernance en place, qui n'augure aucun espoir.

À l'inverse, ils sont, somme-toute disposés à soutenir un responsable qui défend leurs causes et qui érige leurs préoccupations en priorités dans la conduite des affaires publiques. Pourtant, à y regarder de près, ces populations n'ont pas plus besoin de ces leaders que le cadre organisationnel dans lequel ceux-ci conduisent les affaires publiques. Aucun dirigeant n'est suffisamment fort pour survivre à une nation et aux institutions qui l'incarnent. Toutefois, face à l'impatience de voir ses problèmes résolus et l'instrumentalisation indue des outils de gouvernance, quel citoyen ne croirait pas davantage en la personne du dirigeant plus qu'aux institutions de gouvernance ?

Il est clair pour nous que les pays en développement ont besoin de dirigeants ou leaders avertis, pour transformer positivement leurs situations socioéconomiques. Toutefois, lorsque ces derniers ne sont pas en mesure d'apporter des réponses satisfaisantes et durables à leurs besoins, cela les pousse à leur tourner le dos. Il faut donc bâtir des institutions stables et résilientes dont la mission primaire est d'encadrer à la fois les gouvernants et les gouvernés pour faire de l'État un constitutif incontournable du bien-être commun et durable d'un pays. C'est dans l'exercice de ses missions que l'État gagne sa légitimité et le bénéfice de l'écoute et du suivi des populations ainsi que le respect lui revenant. À défaut, nous n'aurons droit qu'à des actes où des individus, parfois des communautés entières, se complaisent à défier l'État et son autorité, en s'attaquant à ses symboles.

Les réseaux sociaux et la presse audiovisuelle foisonnent de ces microfilms où des personnes mécontentes, en toute conscience, s'en prennent aux édifices publics (bureaux, routes, transformateurs électriques, etc.) et aux symboles de la République. Les plus téméraires s'en prennent à la personne des chefs de l'État et/ou toutes les autres personnes appartenant à l'appareil décisionnel.

Le rétablissement du rôle des institutions étatiques et leur instrumentalisation efficace pour lutter contre les inégalités sociales, la pauvreté, la faim et l'injustice s'avèrent dès lors nécessaires pour veiller au bien-être collectif, défendre les intérêts des acteurs, surtout les plus fragiles, dans l'encadrement effectif de l'activité publique. Pour ce qui est des politiques publiques, elles se doivent d'être publiquement débattues et clairement expliquées, pour permettre d'établir la cohérence entre les positions retenues et les attentes des populations. Aussi vrai que les populations se regroupent pour des raisons de transactions, les villages et les villes se bâtissent autour des activités économiques, les nations se construisent également à l'aide de la qualité des politiques publiques, garantes de la stabilité des institutions. L'État et les marchés tiennent leur résilience d'une synergie d'actions ; la paix, la sécurité et le bien-être de tous en dépendent. Agir autrement ou conduire des politiques publiques qui ne répondent pas indistinctement et proprement aux besoins des populations entraine l'effritement dans le temps du regard et de l'estime du citoyen en l'état, y compris de la part de ceux-là même qui bénéficient des mesures discriminatoires en place. Cela remet en cause le *contrat social*.

2) **Ankylose de la puissance publique et perte d'équilibre de l'appareil administratif**

La tendance actuelle de ne reconnaître au gouvernement le statut d'autorité publique que lorsqu'il se met au service du secteur privé, le dépossède justement de ses prérogatives au profit des intérêts privés. Des groupes privés sont aujourd'hui en mesure de s'ériger en autorité constitutionnelle, en usant de leurs influences, pour déréglementer à leur convenance les activités économiques, inciter à la privatisation des actifs identifiés et s'arranger à bénéficier des congés fiscaux les plus inacceptables dans les conditions normales. On assiste ici à une instrumentalisation de l'appareil public et en faisant passer l'État pour un « partenaire » qui tend à confondre ses « intérêts » à ceux du privé – même si par moments, ils ne sont pas exclusifs. Cette situation est observable notamment dans les secteurs des travaux publics, des transports, de construction ou du commerce. Certes, le partenariat stratégique entre l'État et le marché s'effectue de plus en plus au profit de ce dernier, érodant ainsi la justice sociale, les libertés et la raison d'être de l'État.

Il est de notoriété publique que l'importation des denrées alimentaires de base nuit énormément à l'essor des initiatives locales en matière de développement agro-industriel. Pour illustration, dans un pays comme la Guinée, où les conditions climatiques sont des plus favorables au développement agricole, les importateurs de ces denrées alimentaires, pour préserver leurs intérêts, taclent systématiquement, soit par la corruption, soit par le renchérissement des prix de ces produits (pour faire reculer les décideurs), toute décision ou action de nature à affecter leur business. C'est ainsi qu'on se retrouve dans une situation où l'État subventionne l'importation de ces produits alimentaires de base (riz, huile, farine, sucre, etc.), qui peuvent être produits localement et à moindres coûts pour, dit-on, soutenir le pouvoir d'achat des ménages à faibles revenus. Il va sans dire que les avantages de produire soi-même, en tant qu'État, d'accéder à la sécurité alimentaire, d'être autosuffisant, de favoriser la création d'emplois de qualité en Guinée et de préserver l'environnement ne semblaient pas être prioritaires. Évidemment, dans un tel contexte, l'État « n'abdique pas à ses pouvoirs, mais les met au service de ce qui ne regarde plus du tout le bien public ni la conscience sociale », Deneault (2017).

L'expansion du service public à pratiquement tous les secteurs de notre société (santé, éducation, sécurité et défense, agriculture, infrastructures…) explique, *toutes choses égales par ailleurs*, cette volonté de l'autorité publique de reconquérir sa légitimité même là où ce n'est pas utile. Cette initiative s'avère aujourd'hui dangereuse parce qu'elle tend à déresponsabiliser les bénéficiaires qui, naturellement se complaisent à bénéficier gratuitement de ces services sans effort. Nous ne disons pas que l'État ne doit pas pourvoir le service public, au contraire, il en est tenu par le *contrat social* le liant à sa population. Toutefois, en acceptant de conférer aux acteurs privés les prérogatives susceptibles de l'aider à remplir sa part de *contrat*, l'État modifie les règles publiques et met en jeu sa crédibilité et même sa légitimité aux yeux des populations. Pour se rattraper, il se voit contraint d'intervenir dans des domaines où les inégalités d'accès aux produits de base, pour cause de pouvoir d'achat, peuvent engendrer des conséquences néfastes pour l'ensemble de la société.

Prenons l'exemple du secteur de l'électricité en Guinée. L'importance de l'énergie dans nos vies de tous les jours, en famille et au travail, n'est plus à démonter. L'énergie qui arrive notamment aux ménages et aux milieux professionnels est produite à un coût qui est parfois supporté au prix d'un lourd endettement de l'État, qu'il faudra bien sûr rembourser. Raisonnablement les paiements issus des consommations des prestations d'électricité devraient servir à couvrir au moins ces coûts.

Paradoxalement, on assiste à un scénario où des ménages se satisfont à consommer l'électricité gratuitement, sans en payer le prix. Au même moment, l'État s'ingénie à accroître les capacités de production nationale, à réhabiliter les infrastructures de transport et de distribution d'électricité. L'argument populaire justifiant ce refus de payer les factures est : *il nous faut d'abord l'électricité en continu, et on paiera en suite*. Pourtant, en commençant par payer le peu consommé, cela permettrait à la société Électricité de Guinée (EDG) de renforcer ses capacités, de réduire sa dépendance des subventions de l'État et d'être à même de pourvoir des services de qualité à sa clientèle. Cela est d'autant plus vrai qu'au même moment où la capacité de production croit, la consommation privée, surtout celle cachée se dessert, entrainant l'explosion de la subvention de l'État.

De 2016 à 2019, la subvention du secteur de l'énergie est passée de 400 Mrds GNF à près de GNF 2 500 Mrds GNF, soit près de 10 % du Budget national du Développement (BND)[3]. Cette subvention pourrait connaître des hausses encore plus importantes du fait que l'État, voulant à chaque fois calmer les populations ou prévenir tout soulèvement contre le délestage, vient

[3] 1$US = 9 183,876 GNF

systématiquement au secours de la société *Électricité De Guinée* (EDG).

Des mutations profondes dans le management d'EDG s'imposent donc, à la mesure des efforts importants réalisés dans ce secteur stratégique, qui favorise de plus en plus des niveaux de production et de transformation économiques jamais égalés par le passé. L'enjeu est de réveiller la conscience publique, lui faire apprécier justement les bienfaits de l'énergie dans les vies des citoyens de tous les jours et d'obtenir leur adhésion effective à l'idée qu'il faut payer son électricité pour rendre le service viable et réduire les coupures encore persistantes. Dans tous les cas, fournir l'électricité gratuitement et massivement à la population, dans le contexte de développement actuel de la Guinée, ne saurait être dans les priorités de l'État, sans doute c'est le moment de revisiter la politique énergétique nationale.

Un autre exemple non moins important est le secteur agricole national. Le sol guinéen est notoirement connu pour sa fertilité et pour son adaptabilité à divers types de cultures, dépendamment des grandes régions naturelles du pays. Pourtant, en soixante ans de souveraineté politique, les Guinéens mangent dans leur majorité du riz importé. Plus étonnant encore, les zones rurales, pourtant prédisposées à s'autosuffire en riz à travers l'autoproduction, importent du riz des villes et donc aussi de l'étranger. L'explication est la suivante. Tout se passe comme si des groupes d'intérêt se sont constitués pour saper toutes les initiatives de politiques agricoles nationales. (1) La faible productivité des zones agricoles aidant, ils importent du riz à bas coûts et jouent sur le prix de vente pour dissuader la consommation du riz du pays. Pour minimiser leurs coûts d'importation, ils demandent et obtiennent des exonérations du Gouvernement au nom de l'utilité du produit importé pour la stabilité sociale ; pendant ce temps ils se font beaucoup de bénéfices puisque le produit est de grande consommation et la production locale, réalisée au prix couteux et de moindre qualité, est moins compétitive sur le marché.

Comment croire que le riz importé à coup de subvention est en juste concurrence avec celui produit localement ? Si ce n'est l'attachement des Guinéens au riz local, la production rizicole nationale ne résisterait raisonnablement pas à la concurrence du riz importé. Ceci est d'autant plus vrai que les quantités de riz offertes sous forme de dons au pays se retrouvent par moment en vente sur le marché ou viennent en diminution à la demande domestique en riz du pays.

On est dans ce cas en face d'une politique duale où l'État, d'un côté, veut intensifier le développement des produits vivriers à travers des politiques agricoles conçues et parfois soutenues par les partenaires au développement et, de l'autre côté, il soutient par le biais des subventions, notamment fiscales, l'importation de ces mêmes produits. Connaissant les faibles coûts de production de ces denrées en Asie, par exemple, il va de soi que les productions locales, du moins celles qui résistent à la concurrence, n'offriront que des prix faiblement compétitifs et de qualité moindre.

Plus récemment, les initiatives du gouvernement en faveur du secteur agricole ont permis l'éclosion de quelques opérateurs dans le domaine de l'agro-industrie. Les fruits de ces initiatives sont de plus en plus perceptibles dans les rayons des supermarchés de la place. Le Programme alimentaire mondiale (PAM), une Agence du Système des Nations unies, se ravitaille de plus en plus en riz auprès des producteurs locaux ; peut-être que l'armée devrait suivre aussi cet exemple, pour donner du marché à ces acteurs et leur permettre d'améliorer leur productivité ainsi que leur capacité de production. On peut même envisager que l'État transfère ses subventions (fiscales) des importations en soutien des initiatives de production locale du riz, pour améliorer la compétitivité-prix de la production domestique. Ici aussi, il s'agit d'une question de choix de politique publique.

3) **Point de développement sans une administration conséquente**

S'il est défendable que le libéralisme économique à amener de la rationalité dans les interventions de l'État au cours des quatre décennies écoulées, il est tout aussi lucide de constater que la multiplication des demandes sociales, combinées à la montée de l'insécurité et autres tensions communautaires exigent de cet État de plus en plus de responsabilités et d'interventions que ce même libéralisme ne lui concède pas.

Ce constat n'est pas propre seulement au pays en développement. Pendant la crise financière de 2008, les mesures extraordinaires mises en place par nombre de pays occidentaux pour lutter contre le terrorisme (France, États-Unis, Allemagne, Belgique, Angleterre, etc.), les initiatives entreprises par certaines régions économiques pour se barricader contre l'immigration (États-Unis, Europe) ou encore la crise de la pandémie de COVID-19 qui secoue le monde entier depuis décembre 2019 sont autant d'exemples qui dépassent les limites libérales de l'intervention de l'État dans la vie socioéconomique de ces pays. Les plans de relance post-crise de COVID-19 qui se profilent à l'horizon promettent encore plus d'engagements des entités publiques pour répondre à la crise, restaurer ses effets et relancer les activités économiques de façon résiliente.

En Afrique, il est facile d'établir une corrélation positive entre fragilisation des populations notamment du fait de l'appauvrissement des ménages, et la vulnérabilisation des couches sociales (jeunes, femmes, personnes à mobilité réduite) ainsi que les sollicitations croissantes du service public. Cette explosion des demandes sociales et ses nombreuses complexifications deviennent difficiles à satisfaire parce que les États ont perdu le sens des priorités. Les investissements publics, qu'ils soient financiers ou en capital humain, se faisant dans l'urgence et le plus souvent sans aucune référence prioritaire, grèvent improductivement les dépenses publiques tout en engendrant une accumulation des besoins insatisfaits. Comme indiqué précédemment, l'action publique, détournée au profit des projets privés, s'investit de moins en moins à remplir le contrat social.

Cette situation est souvent dénoncée par la Banque mondiale dans ses rapports d'*Évaluation des politiques et des Institutions nationales* en Afrique (CPIA, voir par exemple le rapport 2017). La gestion approximative des économies du continent, l'impertinence des politiques structurelles qui y sont conduites, les pratiques d'exclusions socioéconomiques ou encore la mauvaise gouvernance administrative et des institutions sont autant de facteurs qui impactent négativement la qualité des politiques publiques menées dans les divers pays africains.

De nombreuses personnes, leaders d'opinion, artistes, hommes et femmes politiques ou encore des ONGs et acteurs des sociétés civiles, qu'elles soient africaines ou non, dénoncent l'exposition continue des pays africains aux chocs extérieurs et demandent par la même occasion aux grandes puissances économiquement dominantes et autres partenaires multilatéraux d'en tenir compte pour un meilleur accompagnement de ces pays vers les sentiers du développement. Le seul bémol dans cette demande « humanitaire » est que la réponse domestique continentale n'est globalement pas à la hauteur, comme celle-ci est reflétée par les types de politiques publiques conduites dans différents pays du continent africain qui manquent de visions claires et qui sont budgétivores et inadaptées aux préoccupations des populations.

En outre, l'insécurité grandissante et les tensions communautaires à récurrence impactent de plus en plus négativement les politiques publiques au point d'engendrer structurellement un sentiment de désespoir chez nombre de personnes. De nombreuses régions que ce soit au Mali, au Niger ou au Burkina éprouvent aujourd'hui des difficultés à bénéficier de l'effectivité des services publics pour cause de tensions armées. Plus les difficultés connues par les États à desservir ces zones s'accentuent, plus le désespoir des populations, qui y vivent, grandit et plus grandit avec lui l'envie de quitter la zone ou de s'ériger en obstacle contre les initiatives étatiques.

De nombreuses économies africaines rivalisent dans l'exportation de matières premières vers des pays où celles-ci seront transformées en produits plus raffinés. Le plus souvent, l'exploitation de ces matières premières engendre peu de création d'emplois pour des chiffres d'affaires se comptant par plusieurs milliards de dollars américains. En Guinée, par exemple, le secteur minier accuse la présence de près d'une quinzaine de sociétés minières en exploitation, qui ont exporté près de 70 millions de tonnes de bauxite en 2019. Ce secteur emploie directement environ 17 mille personnes et indirectement près de 35 mille personnes. Ces exploitations des mines, notamment de bauxite, donnent lieu évidemment à des rentes considérables en faveur de l'État et des communautés. Toutefois, l'extraversion des sociétés minières et leur faible interaction avec le reste de l'économie entretiennent structurellement le déséquilibre économique global. En effet, les performances économiques réalisées sont moins bénéfiques aux populations, car elles ne conduisent qu'à un faible niveau de création d'emplois et de distribution locale de revenus, tandis qu'elles mettent davantage de pressions sur la demande pour une offre de consommation des produits de base localement insatisfaite. L'afflux d'étrangers disposant des pouvoirs d'achat plus importants et les fortes rémunérations proposées aux travailleurs dans ces grandes sociétés aux capitaux majoritairement étrangers accentuent les demandes entre autres des transports, de l'hôtellerie, de la restauration, qui deviennent au fil du temps inaccessibles au Guinéen moyen dont le pouvoir d'achat reste encore faible.

L'institutionnalisation de la bourse de sous-traitance, en obligeant les sociétés minières à solliciter certaines prestations sur place, devrait favoriser la diversification de l'économie, le partage des richesses et la création d'emplois décents. Il va sans dire que les acteurs locaux exerçant pour leur majorité en marge des circuits économiques formels trouveront leur compte dans cette politique. Pour ce faire, une politique de renforcement soutenue et efficace des capacités des entreprises locales à répondre massivement et profitablement aux sollicitations des commandes doit figurer dans les priorités des politiques publiques appliquées.

Un élément non moins important à prendre en compte dans le calcul des apports du secteur minier au développement national est le facteur environnemental. Certes, les conventions d'exploitations des mines, tout comme les codes miniers, restent relativement exigeants sur la prise en compte du facteur environnemental dans les activités minières. Toutefois, on peut déplorer une mauvaise estimation des réels effets des chocs liés à la dégradation de l'environnement faisant suite aux exploitations minières. Tandis que les montants réels estimés pour réparer ces dégâts ne sont jamais assez pour rétablir convenablement les parties détruites, permettre aux populations de se remettre des stress environnementaux et autres problèmes psychologiques causés par les changements intervenus dans leur écosystème. Cela pose également la problématique de sincérité des taux de croissance économique réels en général, et miniers en particulier, qui n'intègrent pas justement le coût de dégradation des environnements de travail. D'où l'importance de disposer d'une administration de développement performante.

4) La politisation de l'administration et ses conséquences

Dans la plupart des pays africains subsahariens, la majorité des jeunes à la recherche d'emplois veulent intégrer la fonction publique. Les raisons en sont de plusieurs ordres. Premièrement, entreprendre de son propre chef est trop risqué pour des jeunes en manque d'expériences et de compétences pour concevoir et porter des projets bancables. Deuxièmement, même si les projets étaient bien matures, les exigences bancaires (garanties, taux d'intérêt et autres) ne sont pas à la portée de ces jeunes. Troisièmement, les chocs exogènes liés à l'environnement ne favorisent pas l'essor des affaires dans nombre de pays d'Afrique : entre la lourdeur administrative, la corruption, l'insuffisance des infrastructures productives et l'insécurité grandissante, l'entreprise africaine ne peut connaître un essor régulier sur une longue période. C'est d'ailleurs pourquoi, rationnellement nombre d'entre elles circonscrivent leurs actions dans des cycles économiques courts : achat – vente ; et sur des produits à fortes demandes sociales (produits alimentaires).

L'administration publique demeure donc une option de choix où les revenus sont garantis, parfois même sans travailler. On trouve de nombreux jeunes aujourd'hui dans des fonctions publiques africaines en général et guinéenne en particulier, qui sont des fonctionnaires dits « non-postés » ou qui ne veulent pas de postes, mais qui perçoivent régulièrement un salaire mensuel. Le laxisme de la gouvernance administrative aidant, aucun mécanisme de contrôle ne corrige cette aberrante situation. Beaucoup de fonctionnaires reçoivent des salaires parce qu'ils sont à la fonction publique et non pas parce qu'ils y travaillent ; ce qui déconnecte le salaire du travail. Certes, cela est contraire à toutes les règles du marché du travail, mais c'est pour eux un moyen d'être là où les décisions de partage des richesses sont prises[4].

Dans cette cacophonie les plus téméraires arrivent à se hisser en hauts lieux de décisions, confirmant ainsi ce que Laroui (2019) qualifie de *Revanche des cancres*. Une fois à ce niveau, *le parvenu-cancre* se fait entourer des personnes de niveaux et de comportements semblables avec pour seul et unique objectif : y demeurer le plus longtemps possible. Cela se manifeste par la construction d'obstacles au sein de l'appareil administratif tandis que les arbitrages entre les objectifs dévolus aux administrations et ceux des cancres-parvenus se font au profit de ces derniers. Il peut cependant arriver que certains responsables soient animés de bonnes intentions en termes de gouvernance et de progrès pour le pays. Malheureusement, leur nombre et leur faible capacité et leur pouvoir de décision ne favorisent pas la création d'une dynamique positive pour tirer toute l'administration vers le haut.

L'État navigue à vue et manque cruellement de vision, les populations se posent désespérément et continuellement des questions, les ressources publiques sont affectées à des dépenses non prioritaires et par moment improductives. Bref, le plan de l'échec de l'État est tout tracé : l'urgence s'empare du système et les désormais objectifs de l'État

[4] Il faut toutefois ajouter que certains jeunes ne trouvent pas aussi de position dans les services administratifs parce que les règles de départ à la retraite souffrent d'une application rigoureuse.

s'éloignent des aspirations du peuple, l'État entre dans un cycle structurel de fragilité.

C'est face à ces types de gouvernements que les peuples se dressent pour exiger une alternance dans l'espoir de voir la mal gouvernance, qu'il incarne, passer rapidement ; mais les mauvaises habitudes résistent à la corrosion du temps, surtout si leurs implications pécuniaires sont largement partagées.

De nombreux pays en Afrique vivent des situations où les politiques publiques ne répondent pas (ou peu) aux besoins des acteurs socioéconomiques. C'est ce qui est couramment observé dans les pays en situation de relative sécurité, mais où le cadre de gouvernance et les politiques publiques sont en désharmonie avec les attentes des populations. Les systèmes de gouvernance optant pour cette pratique accordent plus d'importance à la personne humaine délégataire du service qu'à ses capacités à concevoir, prioriser, exécuter, suivre et évaluer les actions dont elle a la charge.

Ici, les valeurs travail-mérite-capacité ou encore éthique sont galvaudées. À la place, on retrouve des traitements de faveur venant de l'utilisation abusive des pouvoirs discrétionnaires, du statut social et des accointances dans le système en place. Il est courant de noter que les éventuelles évaluations des performances de ces acteurs au travail se focalisent beaucoup plus sur la personne employée que sur le travail qu'elle a effectué dans le service. Autrement dit, les critères d'évaluation sont peu clairs ; et même s'ils étaient à l'entame, ils finissent par devenir nébuleux dans le processus. C'est d'ailleurs souvent le cas au niveau du recrutement également.

Naturellement, il va sans dire qu'on ne peut attendre de quelqu'un qui s'est retrouvé de façon inattendue à une position administrative non-méritée à ce qu'il fasse plus qu'il ne peut. À moins d'un miracle, ce qui est rarissime, on ne peut tirer de cette personne pas plus que la facilité avec laquelle elle s'est retrouvée à cette position. C'est d'ailleurs pour cette raison qu'elle se montrera plus reconnaissante envers les soutiens qui ont été à la base de son ascension professionnelle inespérée et irrégulière ; ce que ces soutiens n'attendent pas moins au passage. Quant à l'idée de redoubler d'efforts pour justifier, par le résultat, la confiance portée en elle, ceci n'est pas prioritaire, car il suffit de continuer à partager le plus largement possible les « avantages » (discrétionnaires, financiers et autres) procurés par la position occupée pour avoir le soutien continu et inconditionnel de ceux-ci. N'est-ce pas une approche rationnelle, quoique maladroite, pour continuer à garder son poste ?

À court, voire à moyen terme, cette duperie peut passer, parce que l'opinion publique est plus obnubilée par la décision afférente au changement que par les conséquences que celui-ci pourrait produire dans le temps. La désillusion viendra cependant de l'accumulation des mauvaises décisions et leurs effets négatifs finissent par prouver les réelles incapacités des décideurs cooptés. La population ne peut dès lors que constater le développement s'éloigner, dans un contexte où certains délégataires du service public abusent éhontément et impunément des ressources publiques, leurs ressources.

Année après année, les budgets votés par les Assemblées nationales prennent du volume tandis que leurs effets d'impact sur l'économie et sur les populations s'amenuisent ; les dimensions de la pauvreté varient et se complexifient, en même temps des poches de pauvreté et d'extrême pauvreté s'agrandissent et se disséminent à travers le pays. Le nombre de chômeurs s'accumule à mesure que les centres de formation « produisent » de nouveaux diplômés aux qualifications inadaptées aux besoins du marché du travail. L'État, n'ayant pas de moyens pour y faire face (ou ne s'en donnant pas) est submergé par les problèmes de tous bords qui finissent par l'obliger à solliciter l'aide extérieure. Le pire est que cette aide, même si le Gouvernement venait à l'obtenir, est tout aussi mal utilisée en dépit des « promesses tam-tam » faites quant à son *utilisation à bon escient*, comme on entend dire dans les discours consacrés à la réception de ces dons.

Qu'on cesse de s'y méprendre, le problème de dysfonctionnement des institutions étatiques en Afrique s'explique par la faible qualité des ressources humaines qui les composent.

Posons-nous la question pourquoi le patrimoine institutionnel, industriel, infrastructurel, social et culturel du premier régime post-souveraineté est relativement plus impressionnant que ceux des régimes suivants ? Sur plus de 180 industries laissées par la première République de Guinée en 1984, on n'en décompte pas plus de 3 qui fonctionnent présentement. Certes, le système politique qui prévalait à l'époque et son caractère autoritaire contraignaient les administrateurs aux résultats. Toutefois, il ne faut pas oublier aussi que l'administration absorbait à l'époque tous les nouveaux diplômés et, par conséquent des compétences également ; à l'opposé de ce qui se passe aujourd'hui où quasiment toutes les capacités rechignent à travailler pour l'administration soit parce que les salaires y sont faibles, soit par ce que les valeurs qui y prévalent ne leur siéent pas (corruption, délation, absence de référentiels…) soit parce que les conditions d'accès ne leur en donnent pas les possibilités.

Imaginons une administration publique qui, au fil des années, ne reçoit que des cadres moyens, de faibles (ou très faibles) niveaux — puisqu'on en trouve (agents du service public) qui ne peuvent même pas produire un rapport clair, et dont la mission est de concevoir, faire adopter, conduire et assurer le suivi d'un plan de développement national.

Comment est-ce que cela est possible ? De quels outils dispose-t-elle pour ce faire ?

C'est la principale raison qui pousse beaucoup d'administrations africaines à recourir à des experts, à de la sous-traitance pour faire le travail que les agents du service public auraient dû faire dans les conditions normales et pour lequel ils sont recrutés. On est rendu à un niveau tel que nombre de travaux de réflexion, nombre de tâches techniques sont exécutés en *back-office* par des ressources externes à l'administration. Ceux qui n'ont pas les moyens de se procurer d'un expert ou d'un consultant s'accommodent des services d'un jeune stagiaire que l'on aperçoit par moment dans leur bureau en arrière, devant l'ordinateur qui fait le travail qu'ils vont présenter par la suite à leurs supérieurs.

Le jeune stagiaire est soit une connaissance, soit une personne recommandée ; dans tous les cas ses conditions de recrutement ne respectent aucune règle administrative tandis que ses conditions de traitements obéissent aux mêmes modalités. À la limite, une promesse lui est faite d'être engagé le moment venu, s'il continue de faire le travail qui lui est demandé, à la fonction publique en tant que vacataire ou employé de plein droit.

Bien évidemment, cette situation engendre des coûts énormes à la fois pour l'administration et pour les usagers du service public.

Pour l'administration, c'est la qualité du service qui en fait les frais. L'agent ne fait pas le service pour lequel il a été recruté, ce qui questionne sur les conditions de son recrutement et sur l'évaluation de son travail. Il recourt pour accomplir sa mission, soit à un consultant soit à un cabinet soit à un jeune stagiaire. Le tableau renvoie l'image d'un délégataire du service public qui délègue à son tour sa mission. Cette « seconde délégation », au-delà des coûts financiers liés à ces prestations, pose le problème de responsabilité des actes posés d'un point de vue juridique et de capitalisation des compétences au sein de l'administration.

Quant à la légalité de l'acte de recruter un stagiaire, par exemple, elle reste secondaire, car le plus souvent dans une administration politisée, la loi et l'esprit de la loi entrent en conflit implicite avec l'assurance politique dont jouisse l'administrateur coopté. Celui-ci, tenant sa position de son implication politique dans le parti au pouvoir, accorde moins d'importance aux lois régissant l'administration. Dès lors qu'il se sent fort du soutien de sa famille politique derrière, il ne fait plus (ou fait moins) attention aux lois et règlements régissant la vie administrative. Il peut même arriver qu'il applique une décision prise ailleurs, hors du cadre administratif ; ce qui dilue son autorité en tant qu'agent administratif.

Ce dévoiement de la logique décisionnelle dans l'appareil administratif trouve maintes conséquences dans l'atteinte des objectifs de gouvernance. D'un côté, il pervertit le processus administratif en donnant des élans de subjectivité aux situations que l'on s'évertue à faire évoluer. De l'autre côté, il relègue les lois, règlements et autres actes administratifs au second plan, au profit du soutien dont on se sent fort, venant du parti au pouvoir ou d'une personne hautement bien positionnée dans l'appareil administratif. Finalement, il fragilise les institutions publiques, affaiblit l'État et tend à placer des personnes au-dessus des lois.

La réflexion nous conduit à signaler deux éléments fondamentaux à partir des développements précédents. Le premier élément porte sur le fait que le développement au départ est technique ; c'est-à-dire un pays qui veut aller plus loin, inscrire les changements positifs dans la durée, il ne peut se passer d'une bonne organisation et donc d'un bon plan. L'avantage d'un plan pour un pays est de permettre à tous de savoir où l'on veut aller et comment est-ce qu'on compte s'y prendre. Cette vision se doit bien évidemment d'être partagée et les instruments permettant de la concrétiser communément approuvée et respectée. Le deuxième élément porte sur le financement du développement et la stabilité des engagements. Naturellement, un plan de développement trop ambitieux va avec des besoins en ressources tout aussi importants. Dans tous les cas, toute proportion gardée, un pays doit pouvoir financer ses besoins en commençant par les priorités.

Tout ceci requiert de l'administration des hommes et des femmes de grandes capacités, des visionnaires capables de comprendre des enjeux des politiques publiques et de procéder à une meilleure gestion publique tout en aménageant un cadre d'éclosion aux opérateurs économiques nationaux. Bien évidemment, cela sous-entend que les intentions et les dispositifs d'action au sein de l'appareil public doivent aller de pair pour une meilleure portée des résultats. L'avantage pour une administration de recruter et garder des ressources humaines capables devient alors évident, pour prévenir le pilotage dans l'incertitude dont les conséquences hypothèquent l'avenir de millions de personnes qui attendent de l'État des changements réels dans leur vie de tous les jours.

L'autre aspect non moins important est de veiller à ce que le politique et l'esprit politique ne corrompent pas l'esprit administratif. Autrement dit, le « cœur de l'administration publique » se doit d'être mis à l'abri d'influences politiques ou partisanes. Car, comme le disent les institutionnalistes, les constructions institutionnelles se font par ajouts et adaptations, non par grandes ruptures (guerre, révolution) (Lorrain, 2011). Ceci est même dans l'intérêt des politiciens que certains acteurs, certaines stratégies de développement et certaines décisions administratives ne souffrent d'aucune influence politique possible, au risque de compromettre le contrôle du pilotage continu de l'action publique. Agir différemment, irait à l'encontre de la stabilité, de la satisfaction des besoins des populations et de la consolidation des acquis.

5) **Vulnérabilité, Responsabilité et Développement**

Autorité administrative et responsabilité

Avoir conscience de ses responsabilités et prendre des décisions conséquemment est un sens de l'honneur qui n'est pas acquis, particulièrement chez nombre de fonctionnaires de l'État. Un fonctionnaire ou un agent de service public est un délégataire du service public, à ce titre, il ne saurait agir pour son compte personnel ni prendre des initiatives autres que celles qui relèvent du strict domaine de ses compétences. Autrement dit, ses actions et ses décisions doivent trouver leur fondement dans les instruments de gouvernance légalement mis à sa disposition par les lois et règlements qui régissent l'administration publique. Sa personne ne saurait se substituer au travail pour lequel il occupe une position administrative donnée.

Il semble que beaucoup de cadres exerçant dans l'administration ont du mal à comprendre. Les termes « *grâce à* vous » ou « *grâce à un tel* » « nous comptons sur vous », « personne d'autre n'est capable que vous » ou encore d'autres formes de manifestation de satisfaction d'intérêt après avoir bénéficié d'un service public ne sont autre que de la corruption de l'esprit du service public, érigée en normes. La pratique courante veut qu'une prestation de service public soit perçue comme « une faveur », qui mérite soit une reconnaissance parfois financière soit une magnificence de la bonté du prestataire. Sa popularisation s'étend de plus en plus au secteur privé notamment les banques où des conseillers financiers, face à un client candide, tentent de montrer par tous les moyens qu'ils ont fourni un effort exceptionnel pour lui permettre d'accéder à ses ressources ; dans l'espoir que celui-ci se montrera bien sûr généreux. Tout ceci relève de la corruption plus ou moins déguisée, érigée en éléments de prestation.

Le comble est que celui qui ne témoigne pas de cette reconnaissance court le risque de ne plus bénéficier de ce service à l'avenir ou du moins en bénéficierait avec plus de peine qu'il n'en faut. N'est-ce pas les choses se sont inversées ? On est en face d'une situation où les pratiques irrégulières deviennent la norme et celui qui ne s'y soumet pas, peut se retrouver dans une situation de privation, quand bien même il s'est conformé à la règle. Cet exemple n'est pas isolé, l'enseignant pense que les parents d'élèves lui doivent une reconnaissance démesurée pour le savoir qu'il transmet à leurs enfants ; l'agent de santé estime que le patient lui doit la vie ; le banquier croit que l'entrepreneur ou l'épargnant lui doit sa richesse ; le policier estime avoir un droit sur une partie des revenus des transports à caractères commerciaux, etc.

Pourtant, tous ces acteurs ont librement intégré la fonction publique, par voie de concours ou autres, et ont connaissance des niveaux de salaires auxquels ils ont droit. Or, dans les faits, tout se passe comme si la relation « travail-salaire » n'avait que peu (ou pas) de sens à leurs yeux. À la place de cette relation binaire, on y a substitué « personne-salaire » ; car celui-ci est désormais pour la personne au travail et non pour le travail fait par cette personne à son poste. La conséquence d'une telle substitution est de ne plus se préoccuper de l'idée de savoir si la personne qui occupe un poste donné en a les qualifications requises pour effectuer le travail pour lequel il est recruté. Tout se passe en effet comme si n'importe qui peut se porter candidat pour n'importe quel poste, pourvu qu'il démontre à travers « son comité de soutien » qu'il est la « bonne personne », dans le sens non professionnel du terme. Sa productivité n'est pas une préoccupation, de toute façon on ne s'attend pas (ou on ne souhaite pas) à ce qu'elle dépasse la productivité moyenne du service. Il importe cependant qu'il soit socialement disponible et généreux, qu'il entre assidument dans le système et y demeure un bon élève, pour le reste le système est prêt à le protéger. Cette façon de faire explique, toutes choses égales par ailleurs, le niveau de production des services par l'administration publique. Tout se passe comme si la production en tant que *fonction-objectif* n'est pas une priorité.

L'analyse microéconomique nous apprend que dans la combinaison des facteurs de production (capital, travail & autres), sur le long terme ces facteurs de production sont tous variables ; tandis que sur le court terme seul le facteur *travail* est variable d'où l'impérieuse nécessité de mettre en place un système de rotation des agents publics adossé à un plan de carrière pertinent et cohérent. Toutefois, dans un environnement comme l'administration publique où la production du service public non marchand n'est pas une préoccupation, peu d'attention est accordée à l'utilisation rationnelle de ces facteurs de production. Certes, l'administration publique n'est pas une entreprise et sa vocation n'est pas non plus de produire des services marchands assortis d'une contrainte de rentabilité. Toutefois, autant il est vrai que l'administration publique a l'obligation de produire et offrir des services de qualité aux citoyens, autant elle ne peut se dédouaner de l'obligation d'efficience : *atteindre les objectifs à moindres coûts*. C'est d'ailleurs pour cette raison que les différentes lois règlementent les conditions de conduite de la politique publique, de la conception à son évaluation en passant respectivement par son adoption, son exécution. Cet encadrement juridique de la gestion de la chose publique autorise, avec certes une certaine flexibilité, d'emprunter à l'entreprise privée des méthodes de gestion réussies, pour permettre à l'administration d'atteindre sa *fonction-objectif.*

Ceci revient à dire qu'il faut procéder notamment à des recrutements objectifs, s'assurer que les nouveaux employés dans l'administration apportent une productivité au moins égale à la productivité moyenne des agents du service public en activité. Aussi, les décisions de recrutement doivent-elles être commandées par le besoin, afin de tirer le niveau de l'administration vers le haut. Autrement, l'administration publique devient une charge pour l'État donc pour le peuple dont elle est censée servir.

Beaucoup d'administrations publiques en Afrique et particulièrement en Guinée, vivent cette situation où les conditions de recrutement obéissent à des règles peu transparentes. Les raisons de cette situation sont multiples.

- Premièrement, la faible capacité des responsables décideurs, qui auraient adopté les mêmes voies pour parvenir à leur position. Comme on ne crache pas dans la bouillie qui vous a nourri, ils ne peuvent ne pas transmettre le relai ou fermer les yeux sur ces pratiques de massification improductive des effectifs de la fonction publique ;
- Deuxièmement, s'entourer de ses semblables, en termes de niveau, passe pour un moyen relativement sûr de garder le voile sur son incapacité, il devient aussi facile de trouver des coupables aux éventuelles mauvaises décisions que l'on prendrait dans l'exercice de ses fonctions ;
- Troisièmement, il y a des raisons pécuniaires. Payer pour entrer dans la fonction publique sans objectif professionnel précis et sans passer par un concours comme cela est prévu par les règles. Le plus souvent ces nouvelles recrues n'ont pas de poste d'affectation, on sait juste qu'elles ont été recrutées pour le compte d'un ministère précis sans parfois que celui-ci en fasse la demande. Mois

après mois, cet employé prend son salaire, mais n'apporte rien à l'administration comme travail. Lors des mouvements de grèves, ces personnes sont généralement beaucoup plus exigeantes dans les négociations d'augmentation de salaires.

Finalement, on a l'impression que les administrations sont devenues des lieux d'apaisement de la tension sociale. L'État, plutôt que de créer les conditions favorables à la création et au développement d'activités économiques rentables, par initiatives privées, prend sur lui la responsabilité d'étoffer son effectif parce que des décideurs dans l'appareil administratif sont dans l'incapacité de faire preuve de bonne gouvernance dans la gestion publique.

Généralement, un tel système se nourrit de personnes aux mœurs et valeurs similaires. Le postulat selon lequel ceux qui se ressemblent s'assemblent tient toute son importance dans ce cas. Ses acteurs, sachant qu'ils doivent leur poste à la cooptation et non au mérite – car dans les conditions de compétitions régulières très peu accéderaient à ces positions – ils ne peuvent conserver ces positions qu'en restant solidaires, en se couvrant mutuellement. « *On s'assure les arrières* », comme cela se dit dans ces milieux, et l'on se sent plus responsable envers les membres du réseau que vis-à-vis de la loi parce que le réseau travaille pour l'inapplication de la loi.

Un tel système est tortueux. Il se développe plus vite qu'il ne contribue effectivement à la production tandis que sa trajectoire de progression est imprévisible. Elle se dessine par à-coups et le facteur déclencheur est souvent exogène : mécontentement populaire poussant le politique à réagir, décision politique ou besoin de rassurer les partenaires au développement. Dans tous les cas, toute volonté d'avancement induite dans une telle circonstance reste éphémère et ses effets d'impact circonscrits dans le temps. Une des raisons est qu'il s'agit de mesures non suffisamment muries, donc conçues en forme de projets sans aucun modèle économique derrière. Leurs interactions avec les autres mesures en cours ne sont pas bien pensées, ce qui accroit le risque de conflit entre mesures et diminue leur chance d'implémentation aux dépens de la satisfaction des usagers du service public.

Une autre raison est que le système en place, en charge d'appliquer ces mesures, n'a aucun intérêt à implémenter celles-ci dès lors qu'elles mettent en cause « son équilibre » indument construit. Les acteurs du système vont plutôt ériger des obstacles pour empêcher que ces mesures ne dénudent certaines pratiques douteuses. Bref, il faut laisser les anguilles sous les roches.

Si la décision politique est sans équivoque, et le politique réellement déterminé à faire bouger les lignes du système, il va sans dire que l'on peut espérer parvenir à des résultats attendus. Cela sous-entend d'opérer des changements au niveau des décideurs et recourir à des compétences susceptibles de conduire résolument et assidument les réformes et de se porter sur les résultats. À défaut, on retombe dans les mêmes travers. Ce sont ces situations de va-et-vient qui conduisent certains partenaires au développement à privilégier la conduite des réformes en formes de projets et parfois par des experts qu'eux-mêmes recrutent. Alors que nous savons que ceux-ci présentent beaucoup d'insuffisances notamment en termes de transfert de compétences, d'intégration des connaissances et de garde de mémoire des résultats produits par le projet.

En Guinée, un peu moins de la moitié des fonctionnaires de l'État (environ 110 mille) sont enseignants, ou plutôt ont été recrutés à la fonction publique pour être enseignants. Pourtant, nombreux sont des établissements d'enseignement publics qui sont en manque d'enseignants, particulièrement dans les zones rurales ou dans certaines préfectures éloignées de Conakry. Bien sûr, comme antérieurement indiqué, ces désormais fonctionnaires continuent de prendre leur salaire à chaque fin du mois, pour des tâches qu'ils n'ont pas accomplies. D'autres ont tout simplement utilisé l'enseignement comme porte d'entrée pour demander par la suite à être affectés dans d'autres départements. Pendant ce temps, les enfants continuent d'étudier dans des conditions difficiles – pour ceux qui ont un enseignant – avec des effectifs non conventionnels parfois allant de 70 à 100 élèves par classe.

Toujours dans les exemples, on peut aussi retenir le cas de ces aides-soignants qui se font passer pour des médecins dans les hôpitaux, rien que pour encaisser les éventuels frais que paierait la clientèle. Sans aucune habilitation, ils administrent des soins à des patients en situation de faiblesse. Cette pratique dépasse par ailleurs le seul cadre des établissements sanitaires puisque dans les quartiers on trouve des étudiants en médecine, en plus de ces aides-soignants, qui s'adonnent à des pratiques médicales sans en avoir l'autorisation ; oubliant que la blouse ne fait pas le médecin.

Aujourd'hui plus que jamais, l'indifférence et l'insouciance des agents du service public, de façon générale, attestent du manque d'éthique et de l'approximation dans la gouvernance de l'administration publique. Beaucoup de modes de gouvernement ont été expérimentés dans les pays africains subsahariens, d'autres sont en cours ; mais peu d'agents du service public ont conscience du rôle essentiel que doit jouer une administration publique dans la conduite de la destinée d'un pays. Et la faiblesse – pour ne pas dire l'absence – d'un système de contrôle et de sanction conséquent aiguise les audaces des uns et les appétits des autres.

Quant aux manuels de procédures, ils sont rarement appliqués dans l'administration publique guinéenne par exemple. C'est pourquoi, le risque de collusion entre agents et contrôleurs est si élevé que la probabilité de sanction est quasi nulle, même si par moment des contrôles se font. Toutes ces situations nous font dire que le système tacle la loi et multiplie des obstacles pour en limiter son application. Nous sommes dans une logique floue totale. Cela ressemble à une apologie de la médiocrité, de la corruption et du contrôle indu des actes administratifs. La conséquence en est que la sécurité s'est déplacée de la loi vers le système, entrainant avec elle une confiance sans cesse grandissante pour ce dernier.

En effet, de nombreux administrateurs s'évertuent à se montrer plus actifs et plus disponibles à défendre le système qu'à appliquer ou faire appliquer la loi ; quand bien même la loi survit au système. La raison en est qu'en tenant compte de leur qualification, considérant les conditions qui leur ont permis de se retrouver là où ils sont, leur salut se trouve uniquement auprès du système où ils pourront côtoyer d'autres acteurs de mêmes acabits pour se défendre et s'assurer une longévité.

On peut donc comprendre que l'efficacité des politiques publiques s'en trouve affectée dans la mesure où l'accent est moins mis sur l'amélioration continue de la productivité de l'administration. Dans cet élan, l'environnement des affaires est tout aussi négativement impacté par la multiplication d'obstacles construits ou d'actes visant à empêcher l'observation de principes. Dans un tel contexte, l'administration se reproduit à l'identique, elle perd dans certains cas à la fois son autorité et son identité pour n'être pas en mesure de répondre aux multiples et complexes demandes qui lui sont adressées. D'où une des sources de vulnérabilisation de la société dans son ensemble.

6) La culture, un facteur de développement et un instrument d'inclusion économique et financière

La dimension culturelle du développement est plus forte qu'on ne le pense ; elle peut être par moment, voire plus souvent d'ailleurs, un facteur déterminant la production, la productivité, le mode d'organisation de la production voire la relation des acteurs à l'unité de production. Dans la littérature économique relative au développement, l'importance de ce facteur y est souvent oubliée alors qu'il est essentiel pour une adhésion collective et efficiente aux actions de développement et un progrès continu et durable de toute personne, groupe de personnes ou d'un peuple.

Des auteurs comme Camara Laye, Amadou Hampâté Bâ, Fodéba Kéita ou Djibril Tamsir Niane et bien d'autres avaient dans les années soixante dans leurs différentes publications mis l'accent sur l'importance de l'élément culturel, en tant qu'état d'esprit de la disposition d'un individu ou d'un peuple à inventer, investir positivement et durablement dans le changement, et en tant que facteur explicatif des modes de production des acteurs. Des spécialistes en éducation défendent que les enfants qui apprennent la science dans leur propre langue arrivent plus facilement à développer des compétences et à progresser qu'en empruntant une autre langue. Comme pour dire que la culture est cette identité naturelle, ce prérequis dont chacun dispose pour s'exprimer soit à travers des réalisations, soit à travers des idées, soit par des actions.

C'est en fécondant l'élément culturel à leurs dispositifs productifs que des économies comme celles de la Corée du Sud ou du Japon ont pu plus facilement faire prévaloir leurs arguments et intégrer efficacement leur population dans les chaines économiques et commerciales mondiales. La Chine fait pareil et cela lui réussit d'ailleurs copieusement.

Alors que les théories économiques libérales font l'apologie de la primauté de l'individu sur la société, dans des pays comme la Chine et la Corée du Sud la production ou les affaires se conçoivent pour l'essentiel en groupe et/ou en famille. Les exemples des *Keretsus* ou des groupes comme Suzuki fournissent assez d'enseignements à ce sujet, où des masses importantes de populations ont pu intégrer les rouages économiques nationaux et mondiaux grâce à cette perception collective et communautaire des affaires et sur un fonds culturel de l'entrepreneuriat.

Beaucoup de personnes se posent aujourd'hui la question de savoir pourquoi de nombreux pays africains éprouvent des difficultés à participer effectivement à la production mondiale ? Une des réponses valables est que les acteurs qui doivent conduire cette connexion au commerce mondial ne disposent pas de capacités requises pour ce faire. Les économies françaises, américaines ou encore canadiennes se construisent avec des acteurs économiques dans ces pays respectifs. Pourquoi alors croit-on que celles de l'Afrique le seront avec des opérateurs économiques venus de l'extérieur, mais installés en Afrique ?

De nombreux établissements de crédit installés en Afrique sont des filiales de groupes bancaires étrangers. En dépit de leur présence de plus de six décennies sur le continent, les centres de décision de certains niveaux de risques sont encore hors du continent. Ces établissements vendent pratiquement les mêmes types de produits financiers depuis des années sans aucune adaptation aux réalités locales. Et, lorsqu'ils décident de financer les projets d'investissement, ce sont souvent des projets détenus par les étrangers, plus particulièrement ceux venant du même pays ou de la même région que la banque mère. Autrement, les crédits sont pour l'essentiel de durées circonscrites sur le court terme, il s'agit notamment des crédits à la consommation. Bien évidemment, la précarité environnementale peut engendrer, toutes choses égales par ailleurs, l'adoption de telles pratiques. Toutefois, cette extrême prudence dans le financement de l'économie, et les pratiques de rationnement allant avec, entretiennent le dualisme qui caractérise les économies africaines en général et guinéennes en particulier (Doumbouya, 2008). Du coup, les bénéfices engrangés année après année viennent de l'éviction du secteur privé formel au profit entre autres de l'acquisition des titres publics de l'État et du financement de quelques rares grandes entreprises privées. Il est arrivé en Guinée qu'une banque réalise des bénéfices en seulement six mois d'entame de son activité, avec pour seules infrastructures une direction et une seule agence sises dans le même bâtiment.

L'arrivée des banques continentales, aux capitaux détenus par les Africains, dans le paysage financier africain a certes permis un changement de regard vis-à-vis du secteur informel et des petites et moyennes entreprises à cheval entre les deux secteurs. Elle a aussi contribué à la prise en compte progressive de la dimension culturelle dans le financement des économies africaines.

Revenons à l'exemple du secteur minier guinéen, un secteur hautement capitalistique qui a reçu au cours de la décennie 2010-2020, environ 6,4 milliards de dollars américains d'investissement. Sa contribution à l'économie est passée de 8 % à 14% du PIB entre 2015 et 2019 ; les mines contribuent pour 17 % aux recettes de l'État et pour plus de 90 % des recettes extérieures en devise. Ces apports du secteur peuvent paraître importants, d'ailleurs ils le sont, mais pour doper les indicateurs économiques. En réalité, leurs véritables apports à la construction d'une économique diversifiée, forte et résiliente sont de loin très insuffisants. En effet, les investissements hautement capitalistiques sont connus pour être peu créateurs d'emplois de masse, et pour le cas de la Guinée, en dépit de la mise en place d'une bourse de sous-traitance pour une meilleure interaction entre le secteur minier et les autres secteurs de l'économie, l'essentiel de la sous-traitance s'effectue encore avec des sociétés étrangères. La raison souvent avancée par les sociétés minières pour justifier ces choix est l'absence ou l'insuffisance de compétences au niveau local. Une raison somme-toute défendable sur le court terme, mais avec une volonté affirmée cette situation est bien corrigible dans le temps.

En attendant, il faut déplorer les manques à gagner pour l'économie nationale que cette situation engendre en termes de bons emplois, de revenus pour les ménages et pour l'État. D'importantes évasions fiscales en résultent également, sans compter que cette pratique ne concourt que très faiblement au renforcement de capacités humaines locales. En outre, les bénéfices découlant de ces exploitations minières servent pour l'essentiel à rémunérer le capital. Et, comme ces capitaux sont tous de sources étrangères, il va sans dire que les bénéfices dégagés seront presqu'entièrement rapatriés vers l'étranger. Finalement, ce qui revient à la Guinée en tant que pays minier est une portion congrue alors que le PIB est gonflé par la part de la production minière sans tenir compte des effets de celle-ci sur l'environnement et les conditions de vie des populations affectées.

En dépit du fait que la quasi-totalité des activités est extravertie, de nombreux biens alimentaires consommés dans les villes minières du pays, par les travailleurs, sont importés quand bien même on peut les produire sur place et à moindres coûts. Sur la route menant à la région minière de Boké, on peut apercevoir des espaces agricoles de sociétés minières qui n'ont pourtant reçu que des licences d'exploitations minières. Alors qu'il suffisait d'organiser les paysans habitants dans la zone en coopératives agricoles pour pourvoir ces sociétés en produits agricoles demandés et contraindre les sociétés minières au respect des principes.

Ainsi, l'institutionnalisation d'une bourse de sous-traitance n'a pas empêché ou freiné considérablement le recours à des sous-traitants étrangers et certaines sociétés en profitent illicitement pour se lancer dans l'agriculture. On voit aujourd'hui que les environnements dans les villes de Boké et de Siguiri (deux des principales villes minières) se dégradent à mesure de l'intensification de l'exploitation des mines, sur fond d'accroissement de l'insécurité alimentaire pour les populations.

Ainsi, pendant que les bonnes performances économiques, à travers les indicateurs, permettent de conclure à des progrès dans les domaines socioéconomiques, l'insatisfaction des populations grandit du fait de l'inefficacité et l'inadaptabilité des politiques publiques mises en place, qui ne parviennent pas à changer substantiellement leur quotidien. Les économies du continent se trouvent alors dans ce que Carlos (2021) appelle *un état d'équilibre bas* : les indicateurs économiques et de développement humain annoncé affichent une tendance remarquable, mais sans engendrer une véritable transformation socioéconomique ; tandis que les aspirations des ménages à de meilleurs lendemains s'amenuisent.

Vouloir attirer les investissements étrangers est certes bien pour densifier la production et booster la dynamique économique domestique. Cependant, il est encore plus profitable que ces investissements trouvent un écosystème d'unités de production locale performantes sur lesquelles s'appuyer, pour un partage relativement juste et équilibré des bénéfices issus des exploitations minières. Cela procède à une meilleure interaction entre le secteur minier et les autres secteurs de l'économie, au renforcement de la diversification de l'économie nationale et à l'amélioration de la participation de l'économie nationale aux couloirs commerciaux mondiaux.

Il nous parait évident aujourd'hui plus que jamais que les économies africaines intégreront effectivement l'économie mondiale lorsqu'elles auront pour vocation d'enrichir les Africains, plutôt que de servir de béquilles de transfert de ressources créées par des investissements étrangers sur le continent vers d'autres cieux. Il ne faut pas perdre de vue que les entreprises étrangères implantées en Afrique ne viennent pas en philanthropes pour nos économies ou pour nos populations ; au contraire, elles cherchent des opportunités d'investissement et d'enrichissement. L'exemple du cacao en Côte d'Ivoire est par exemple très illustratif à ce sujet. Ce produit symbole de la présence ivoirienne dans les couloirs commerciaux mondiaux procure à la fois de l'emploi et des revenus à plusieurs milliers de nationaux dans ce pays. La volonté politique des autorités ivoiriennes en collaboration avec d'autres pays producteurs de cacao permet aujourd'hui notamment aux opérateurs économiques ivoiriens de prendre part aux différents maillons de la chaine de production (production, transformation, transport, distribution et commercialisation). Étonnement, depuis que le Gouvernement ivoirien a initié des programmes de transformation du cacao sur place, comme par hasard des voix s'élèvent pour l'accuser de cautionner le travail des enfants. L'on est tenté de se poser la question de savoir ce qui a changé en si courte période dans le dispositif de production du cacao en Côte d'Ivoire ? Qui faisait le travail de ces enfants auparavant ?

Il est évident que lorsqu'une société étrangère ne peut réaliser suffisamment de gains espérés dans un pays donné, elle n'y restera pas ou n'y investira tout simplement pas. Toutefois, si elle tient réellement à y rester, elle s'arrange à engendrer et entretenir une compétition fiscale avec une autre zone présentant les mêmes avantages comparatifs pour lui, en vantant les qualités de son projet et les congés fiscaux que le pays concurrent est disposé à lui offrir si le choix d'investissement portait sur celui-ci. Compte tenu du fait que les deux pays mis en concurrence ne se coordonnent pas et ne communiquent pas, c'est dans cette surenchère que ces investisseurs se procurent des contrats les plus inattendus (léonins) : des congés fiscaux sur de nombreuses années, faible engagement en faveur de l'environnement et des communautés impactées, faible rétrocession aux populations, faible contribution à l'économie nationale, etc.

Face à l'empressement de recevoir les investissements potentiellement annoncés, le manque de recul et le non-respect des règles de base par les cadres dans les négociations entrainent la signature de contrats qui défavorisent complètement l'État. Le plus souvent d'ailleurs, la partie publique ne prend pas le temps d'analyser suffisamment le modèle économique du projet, qui est sans doute un document essentiel pour renseigner de la viabilité du projet. Tous les efforts de négociation se focalisent sur les avantages (fiscaux et en nature) que l'État doit concéder ; alors que ces avantages ne concourent qu'à la compétitivité d'un projet et non à sa rentabilité. Finalement, l'utilité effective de la société pour le pays d'investissement est dérisoire en dépit de l'importance du montant investi surtout pour les entreprises hautement capitalistiques qui est d'ailleurs très rapidement amorti compte tenu des avantages obtenus qui faussent toute concurrence.

Il peut même arriver que ces entreprises coutent plus cher au pays d'implantation qu'elles n'y contribuent à créer des richesses. En effet, en plus des congés fiscaux accordés sur plusieurs années, les conventions stipulent parfois que l'État leur accorde des terrains gratuitement (dépendamment du type d'activité) et qu'elles (entreprises étrangères) jouissent de l'usage des infrastructures socioproductives (eau, électricité, TIC, route) dans lesquelles elles n'ont aucun apport, quand bien même elles participent à leur dégradation. Plus étonnant encore, l'État utilise ses services pour assurer la sécurité des investissements et des investisseurs, de façon particulière parfois contre les populations et au désavantage des intérêts des travailleurs nationaux exerçant dans l'entreprise.

La maladie à virus Ebola qui a frappé la Guinée (2014 - 2015) rappelle par ailleurs à chaque Guinéen combien il est important de soutenir les initiatives économiques locales. Les fermetures de frontières par le Sénégal et la Côte d'Ivoire, les refus de visas ou titres de voyages à des Guinéens voulant se rendre à l'étranger ou encore l'alourdissement des charges d'importations de produits et autres biens à destination de la Guinée, par intégration du facteur risque maladie Ebola dans les prix Coût Assurance Fret (CAF), ont entrainé une hausse des prix des denrées alimentaires engendrant des pertes de pouvoir d'achat particulièrement chez les ménages les plus pauvres et affectés par la crise. Au même moment, le tissu économique local se défaisait, les principales entreprises étrangères qui l'animaient se repliaient ainsi que certaines Institutions multilatérales comme le FMI qui avait demandé à son représentant de partir de la Guinée.

Ce repli opportuniste de ceux-là qui sont censés « aider à développer » la Guinée nous pousse à réfléchir sur qui a véritablement intérêt à ce que la Guinée par exemple se développe ? Est-ce que celui/celle qui se met à l'abri du virus Ebola (un choc) hors des territoires ou celui/celle qui reste parce que n'ayant nul autre endroit où aller, qui se sent pleinement responsable de tout ce qui arrive dans le pays ?[5]

Les quelques rares opérateurs économiques guinéens qui exerçaient à l'époque avaient évidemment subi ces chocs. Dépendamment des produits ou services, les productions ne s'exportaient plus (ou moins), parce que le partenaire commercial étranger avait décidé de réorienter sa demande vers d'autres zones de production, par peur d'Ebola. Plusieurs milliers d'emplois avaient été supprimés par des entreprises en difficulté. Cette situation était aggravée par les services de la dette qui s'accumulaient et pour lesquels les banques commerciales s'inquiétaient, car leurs portefeuilles de crédits accusaient des niveaux d'impayés jamais égalés depuis la décennie 2010. En somme, l'effet psychologique produit par le virus Ebola entretenait une méfiance systématique envers les Guinéens et les produits venant de la Guinée.

Un des points positifs dans cette situation a été de noter que les prix des produits alimentaires de base n'avaient pas ou très sensiblement varié (le taux d'inflation est passé de 9,71 % en 2014 à 8,15 % en 2015). La fermeture des frontières, particulièrement celles du Sénégal, qui s'alimente massivement en produits alimentaires à partir de la Guinée, aura permis, toutes choses étant égales par ailleurs, d'approvisionner le marché domestique avec ces produits qui étaient dans les conditions normales destinés à l'exportation. La bonne surprise était de noter que les investissements intensifs du Gouvernement dans le secteur agricole commençaient à porter leur fruit, même si les

---

[5] Ces propos n'ont pas pour vocation de minimiser les importants soutiens qu'apportent les partenaires au développement aux pays africains, mais plutôt de sensibiliser les décideurs politiques de revoir leur relation avec les acteurs privés locaux. L'Afrique n'est riche encore une fois que lorsque le secteur privé proprement africain prend le contrôle des économies africaines. Certes, cela contribuerait aussi à l'efficacité des concours des partenaires.

instruments de gouvernance et les statistiques produites sur ce secteur ne permettaient pas de valoriser de façon efficiente ces résultats. Moralité, investir dans le secteur privé domestique, investir dans le Guinéen est synonyme d'investir pour des emplois et richesses futurs qui seront créés dans le pays et qui y resteront. C'est aussi investir dans l'inclusion économique et financière et favoriser à terme la transformation structurelle de l'économie nationale.

En définitive, le débat sur la résilience des Institutions politiques peut tout aussi se transposer sur la sphère économique. Certes, l'Afrique a besoin d'Institutions fortes pour sa marche résolue vers la démocratie, mais pour bâtir ces institutions il faut des leaders tout aussi responsables, éclairés et respectueux des valeurs culturelles qui fondent nos sociétés. Bien sûr, tout ceci nécessite des hommes et des femmes éduqués comprenant les rôles de ces Institutions et attachés au respect des règles.

Ce débat n'est pas le propos de cet ouvrage ; aussi nous nous en passerons. Nous voulons juste analogiquement dire que pour construire une économie africaine solide, résiliente et intégrée à l'économie mondiale, on ne peut pas se passer non plus des opérateurs économiques africains implantés en Afrique. En effet, plutôt que de les entretenir de façon excentrée, en menant campagne et autres actions tam-tam pour les « formaliser », il faut au contraire initier des politiques publiques conséquentes et volontaristes les plaçant au cœur des programmes de développement nationaux.

Il est essentiel que les gouvernements africains laissent émerger et soutiennent des leaders économiques africains, c'est-à-dire des entrepreneurs africains représentant des entreprises africaines, reflets des cultures africaines et implantées sur le continent africain. Il faudrait aussi que les produits issus de ces entreprises n'aient pour destinataire immédiat l'étranger, car les conditions qui permettent à ces produits d'être connus et massivement consommés à l'étranger ne seront alors pas à la portée de ces entrepreneurs aux surfaces financières et commerciales limitées et aux capacités humaines et physiques tout aussi limitées. C'est juste une question de bon sens qui est aussi rationnellement défendable.

Commencer par gagner le marché local, national puis régional et continental est sans doute une approche rationnelle pour gagner en expérience, maîtriser ses charges d'exploitation, se faire progressivement une place sur le marché et être à même de faire face à la concurrence étrangère. Suivant cette logique, les premiers produits réalisés et vendus localement intègreront forcément une dimension culturelle leur permettant de retenir l'attention du marché immédiat. Au fur et à mesure du développement de ces produits et de l'élargissement des débouchés, des modifications interviendront pour les adapter aux exigences évolutives du marché visé en tenant compte de la perception des consommateurs.

Ces propositions ne s'opposent pas à la promotion et l'essor des cultures de rentes en cours dans de nombreux pays africains, qui procurent des devises importantes à celles-ci. Le problème avec cette approche est qu'on encourage la culture des produits qui ne sont pas (ou peu) consommés localement pendant que les populations tout autour satisfont leurs besoins alimentaires par des produits de sources extérieures. Cela va sans dire que les revenus obtenus de l'exportation des produits de rente sont en même temps utilisés pour importer les aliments qui nous manquent, que l'on peut pourtant produire en quantité et en qualité sur place. Le pire dans cet exercice est que dans un pays comme la Guinée, où les ressources publiques mobilisées sont faibles, on subventionne l'importation de certaines denrées alimentaires de base (riz, huile, farine, sucre) que l'on peut pourtant produire sur place. L'on est dès lors tenté de se poser la question de savoir quelle est réellement la vision de l'État lorsqu'il joue les équilibristes entre, d'un côté les subventions accordées à l'importation de ces produits de grandes consommations et de l'autre, la subvention des intrants pour la production de ces mêmes produits sur place par les paysans ?

Pour accompagner véritablement l'inclusion économique et financière des populations dans un pays en développement comme la Guinée, il faut revoir de nombreuses politiques publiques particulièrement dans des secteurs de grands consommateurs de mains d'œuvre tels le primaire et le tertiaire, sans quoi, le risque de double exclusion et sa réalisation engendreront davantage de nouveaux pauvres et d'exclus sociaux.

D'un point de vue purement économique, cette situation participe au renforcement du dualisme économique et financier et à l'effritement du tissu économique national.

II

LE DÉVELOPPEMENT DES ÉCONOMIES AFRICAINES PASSE PAR L'ÉVOLUTION DU SECTEUR INFORMEL

Il est courant de constater dans les systèmes économiques africains subsahariens que certains acteurs économiques locaux faute de soutiens continus et pour échapper aux contraintes administratives qui sont pour la plupart injustement construites, choisissent d'opérer en marge des rouages économiques et financiers formels. Ici, les charges d'exploitation sont plus faibles ou du moins plus supportables parce que le secteur n'étant pas réglementé, ce qui permet d'espérer obtenir des marges bénéficiaires nécessaires au maintien de l'activité et/ou à la couverture des besoins viatiques des acteurs concernés.

Quant au développement de l'activité, il se fait plutôt à l'horizontal, notamment pour échapper aux agents fiscaux et autres contraintes administratives. Un autre argument non moins valable est de soutenir que c'est ce niveau qui sied aux capacités cognitives de ces acteurs ainsi que leur niveau de compréhension des règles de l'administration et de l'environnement des affaires.

Ce n'est donc pas un hasard, si l'on ne trouve pas une définition satisfaisante pour qualifier ce secteur qui, pourtant, continue de grossir et de se complexifier en marge des activités économiques et financières formelles.

Doumbouya (2011) soutient qu'il est particulièrement difficile de définir le secteur informel, car, au-delà de la diversité de positions entre les économistes et les praticiens, au-delà des désaccords entre acteurs sur les instruments à utiliser pour aborder ce secteur, les textes réglementaires ne semblent pas suffisants, dans certaines circonstances, pour différencier une entreprise formelle d'une entreprise informelle. Toutefois, que ce soit les activités informelles réelles ou financières, le poids de ce secteur et son essor dans les économies de l'Afrique subsaharienne exigent son intégration effective et diligente dans les processus de développement d'ensemble des pays concernés. Cela permettrait d'ailleurs de pallier le dualisme qui caractérise ces économies ; où d'un côté, on a une économie des favorisés (classe moyenne et autres acteurs à revenus relativement élevés) et de l'autre, une économie des fragiles (exclus des rouages économiques classiques et autres personnes à la frontière inférieure de la classe moyenne).

La bande centrale, regroupant l'informel supérieur et le formel inférieur, renferme des acteurs à cheval entre les deux secteurs. Son amplitude varie notamment suivant l'occurrence des crises, l'ampleur des contraintes administratives et environnementales, et l'aversion des acteurs pour l'illégalité. Dans leur majorité cependant, ces acteurs sont des personnes physiques et/ou morales à revenus relativement modestes et exclus des financements bancaires. Ces agents exercent dans pratiquement toutes les branches de l'économie, dépendamment de leur pouvoir financier, pour s'émanciper socialement et économiquement et pour prendre part activement à la valeur ajoutée nationale (Doumbouya, 2010).

Les personnes physiques qui la constituent, forment une kyrielle d'acteurs (pauvres, chômeurs, déflatés de la fonction publique) qui, à partir de moyens rudimentaires, entreprennent des activités génératrices de revenus et d'emplois.

La lecture de l'existence et du développement de ce secteur divise la littérature économique. Les partisans du libre-échange (Mathiesson (1979), Galbis (1977) et autres néoclassiques estiment que ce secteur reçoit les victimes de la répression financière subie par l'économie nationale, de la part des autorités de la place. Ces dernières prennent en effet des mesures discriminatoires pour établir des prix hors de leur niveau d'équilibre, évincent par moment le secteur privé des marchés ou encore prennent des décisions contraignantes, défavorables à l'essor des affaires, toutes choses qui provoquent des dysfonctionnements dans le système de production et rendent inertes les appareils de production nationaux. Les contreperformances économiques qui en ont résulté, combinées à des taux de croissance démographique élevés, ont engendré des déséquilibres structurels entre l'offre et la demande sur le marché de l'emploi. C'est donc pour ces auteurs, une surabondance d'offres de travail sur le marché de l'emploi qui a engendré la création et l'essor des marchés informels de biens et de services. Ces marchés, qu'ils soient ceux de biens réels ou de services financiers, ne sont pas structurés, car relevant de la survie de leurs initiateurs et étant suffisamment fragmentés pour être fragiles.

Certains auteurs, dont Salama (1973), qualifient ce secteur de réservoir des exclus sociaux et autres parasitaires aux qualités des ressources humaines peu ou pas valorisées et dont le marché du travail n'a pas besoin. Pourtant, la dynamique qui caractérise ce secteur, et les acteurs qui y interagissent, ne permettent pas de réduire ce secteur en réceptacle de chômeurs à la recherche d'activités à la mesure de leurs capacités ou pour survivre. Au contraire, ces acteurs sont entreprenants et rationnels à leur niveau.

En Guinée, certains d'entre eux ont abandonné leurs positions d'agents de service public, qu'ils jugent peu ou pas intéressantes du point de vue condition de travail, pour se mettre à leur propre compte dans ce secteur où des opportunités d'affaires sont par moment multiples. Ce secteur reçoit également les jeunes nouvellement sortis des établissements de formation, à la recherche de leur premier emploi ou désireux de se lancer dans l'entrepreneuriat.

Il ne fait aucun doute que c'est à tort que l'on qualifie ce secteur de conséquences des dysfonctionnements du cadre économique formel. Dans les faits, la plupart des économies africaines gardent encore des caractéristiques d'économies coloniales ; des économies de comptoir dirigées non pas cette fois par des gouvernants colonisateurs, mais par des gouvernants (grandes entreprises) privés étrangers, mais appartenant pour la plupart aux anciens pays colonisateurs. Pour permettre à ces entreprises étrangères de développer leurs affaires en toute sécurité, le pays d'appartenance est derrière pour faciliter l'accès aux marchés africains, dans des conditions parfois qui défient toute concurrence. C'est ainsi que de nombreuses décisions de politiques publiques plus ou moins discrétionnaires créent des situations de monopole ou d'oligopole, qui ne donnent aucune chance aux entrepreneurs africains d'entrer sur le marché. À partir du moment où les entrées/sorties sur les marchés rentables nécessitent des coûts importants, les conditions d'accès aux ressources financières dissuasives et les soutiens des autorités publiques discriminants, contrairement aux entreprises étrangères, comment une entreprise africaine peut-elle prétendre concurrencer une entreprise étrangère sur le marché économique et financier formel ? En d'autres termes, contrairement à ce qui laisse paraître, c'est le favoritisme dont sont victimes de nombreux opérateurs économiques africains qui contraint certains à faire le choix d'exercer dans le cadre informel[6]. C'est de la rationalité. D'où l'intérêt pour les décideurs politiques de se ressaisir en vue de transformer effectivement les économies africaines dans l'intérêt des Africains.

1) Le difficile ménage entre vulnérabilité et développement

La vulnérabilité pour un pays renvoie aux risques dont il est exposé dans son processus de développement. Ceux-ci peuvent se manifester à travers des chocs naturels et/ou exogènes et la qualité des politiques publiques qui y sont conduites. La littérature économique identifie globalement trois éléments vecteurs de la vulnérabilité : (1) l'ampleur du ou des « choc (s) » ; (2) le niveau d'exposition auxdits « chocs » ; et (3) la capacité de gestion de ces « chocs » ou la résilience.

Lorsque les politiques publiques dans un pays ne sont pas de bonnes qualités, naturellement les chocs deviennent courants (en dehors des chocs naturels), leur gestion devient ardue et finalement les Institutions de ce pays s'en trouvent fragilisées. Dans une telle circonstance, l'instabilité s'installe progressivement, tandis que le processus de développement est contraint par la fréquence de celle-ci qui, à son tour, compromet la résilience des Institutions.

Les chocs naturels pour le cas par exemple de la Guinée sont rares. Il est courant cependant que les fortes pluies qu'enregistre le pays annuellement dévastent des espaces de culture entiers. Des feux de brousse sont aussi enregistrés par-ci ou par-là, mais ils demeurent toutefois globalement des faits isolés, même s'ils méritent d'être pris

---

[6] Il arrive que certaines entreprises étrangères recourent à une sous-traitance étrangère plutôt que de trouver un partenaire local, avec pour argument qu'il manque des compétences locales pour faire ce travail. Si cette hypothèse était vérifiée, beaucoup d'entreprises ne seraient même pas venues s'installer et prospérer en Afrique.

au sérieux. Ces chocs ne sont pas fréquents et, mesurés sur une longue période, leurs effets sont globalement insignifiants. Il arrive aussi, assez souvent d'ailleurs, que les régions frontalières aux pays sahéliens comme le Mali et le Sénégal soient touchées par certains chocs, comme les invasions de criquets à Koundara, Gaoual ou des maladies bovines dans les mêmes zones. Toutefois, les mesures prises par les autorités arrivent le plus souvent à les juguler.

Néanmoins, la crise de la maladie à virus Ebola, qui a sévi dans la région de la rivière de Mano (Guinée, Sierra Léone, Libéria), et la crise de la pandémie de COVID-19), qui affecte pratiquement toute l'Afrique, ont révélé que même si les fréquences d'un choc exogène sont moindres, le faible niveau de résilience des systèmes et Institutions en place accroit globalement sa fragilité. Ceci nous conduit à nous intéresser à la qualité des politiques mises en place au fil des ans, qui dévient un déterminant sérieux de la capacité d'un pays à surveiller un potentiel choc et à gérer ses effets d'impact en cas d'occurrence. En d'autres termes, la violence avec laquelle ces épidémies frappent et les effets produits sur les tissus sociopolitiques et économiques nationaux s'expliquent, toutes choses étant égales par ailleurs, par la faible performance du système de santé qui y prévaut et par le mode de gouvernance des affaires. Quant à cette faible performance du système en place, elle est la résultante de la nature des choix cumulés durant les six dernières décennies.

Certes, très peu de pays étaient préparés pour faire face à la COVID-19, à en croire ses effets sur les systèmes de santé des pays développés comme les États-Unis, l'Italie, l'Angleterre, la France ou encore l'Allemagne. De même, les alertes catastrophistes qui enjoignaient les gouvernements africains de « se préparer au pire » semblent être pour le moment loin de la réalité observée sur le terrain. Les statistiques sur la COVID-19 en Afrique sont, pour les contaminés par exemple, relativement assez élevées notamment pour des pays comme l'Afrique du Sud, le Nigéria, le Maroc et l'Algérie. Le taux de létalité est considérable pour certains pays (Algérie, Afrique du Sud, la Tunisie), mais globalement faible comparativement aux statistiques d'autres continents. L'Afrique s'en sort plutôt bien pour le moment. D'aucuns disent que ce sont les mesures barrières préventives qui ont permis au continent de prévenir les effets de la crise ; tandis que d'autres indexent plutôt le facteur climatique, qui serait défavorable à la propagation du virus, ou le facteur démographique, c'est-à-dire la jeunesse des populations africaines. Ce qui est cependant certain, c'est que personne ne pouvait prédire ces résultats, tant des facteurs (qualité des systèmes de santé, niveaux de développement urbain, promiscuité, cadre organisationnel…) étaient réunis pour une propagation rapide de cette pandémie à travers le continent.

On notera que peu ou pas d'arguments viennent de la qualité des institutions sanitaires du continent comme justification des niveaux de performances réalisés dans la lutte contre la COVID-19. Au contraire, ce que l'on constate, ce sont notamment les conséquences de la fermeture des frontières sur le suivi des états de santé des couches favorisées des populations africaines subsahariennes. En effet, la suspension du tourisme sanitaire que les hauts cadres des administrations publiques, les grands commerçants et autres personnes à revenus élevés se permettaient de faire périodiquement — soit dans les pays du Maghreb, soit en Europe ou soit en Amérique, du fait des mesures de confinement inter-États — est plus préjudiciable aux classes aisées habituées à bénéficier des soins à l'étranger. Le paradoxe est que ces personnes éprouvent des difficultés à faire confiance à des systèmes de santé qu'ils ont quasiment construits au fil des années. Conséquemment, beaucoup de ces décideurs (retraités ou en activité) souffrent de manques de suivi sanitaire tandis que certains voient leurs états de santé se dégrader dans le temps. Cette situation de fragilité s'explique par l'absence ou dans une moindre mesure, l'insuffisance des réponses sanitaires de qualité apportées localement. Toute chose qui questionne encore une fois la qualité des politiques publiques mises en place depuis les accès aux souverainetés nationales des pays africains, particulièrement ceux au sud du Sahara.

D'un autre côté, des facteurs externes peuvent contribuer aussi à cette fragilisation. Ce fut le cas avec l'application des Programmes d'ajustement structurel (PAS) dans de nombreux pays africains subsahariens et dans certains *pays asiatiques ou l'Argentine* (Penalva, 2003). Ce modèle de développement « imposé » aux pays en développement durant les années 1980 par les institutions de Bretton Woods était pour l'essentiel économique, focalisé sur la recherche de stabilité à court terme par le rétablissement du déséquilibre extérieur. Les réformes structurelles dans la gestion et la régulation économique interviennent au titre des conditionnalités lorsque le pays se trouve dans l'incapacité de rétablir la stabilité macroéconomique et financière.

Les plans d'ajustement structurel (PAS) reposent donc sur deux volets : (1) la recherche de stabilité financière et (2) la conduite des réformes en vue de la transformation structurelle de l'économie. Ce qui veut dire qu'ils ignoraient la dimension pauvreté dans les politiques de développement que ces pays devraient mener pour se prémunir contre les chocs auxquels ils étaient exposés. Pire encore, en ignorant la dimension sociale dans les politiques, notamment l'éducation et la santé, ce modèle a concouru par la même occasion à l'accentuation de la fragilisation des États concernés. Comment peut-on prétendre transformer structurellement une économie en détournant les investissements de l'Éducation et de la santé ? Les multiples critiques des économistes structuralistes, des mouvements altermondialistes et autres acteurs politiques, des scientifiques ainsi que les réactions *post-mortem* des agences du système des Nations unies (PNUD, UNICEF), notamment avec l'introduction de la notion du développement durable finiront par persuader le Fonds Monétaire international (FMI) et la Banque mondiale d'intégrer la dimension sociale dans leurs programmes (Couret, Metzger & URBI, 2009).

Il est évident que ce désengagement de l'État des politiques sociales a causé d'importants dégâts dans les pays africains subsahariens. On a vu par exemple des systèmes éducatifs et des systèmes de santé se privatiser dans un cadre complètement dérégulé et incontrôlé, et en environnement de pauvreté. Les contenus enseignés se sont dégradés, soit parce que les établissements publics qui recevaient la majorité des apprenants ne bénéficiaient plus (ou moins) de soutiens financiers de l'État ; soit parce que les cadres organiques et autres politiques éducatifs n'étaient plus adaptés ni appliqués. C'est ainsi que de nombreux ménages relativement aisés ont opté pour une scolarisation privée de leurs enfants, ce qui nécessitait de dégager de leur(s) revenu(s) des ressources qui n'étaient pas prévues dans leur programme de consommation. Ce raisonnement s'étend aussi au secteur de la santé.

Si l'on considère les tailles des familles en Afrique subsaharienne (5 à 8 enfants par femme en moyenne), surtout en situation de polygamie, on arrive très vite à comprendre pourquoi il est difficile de se débarrasser de la pauvreté en Afrique. Il en est de même des arbitrages que font beaucoup de familles entre l'éducation de la jeune fille et du jeune garçon. En situation de contrainte budgétaire, le choix est plus souvent défavorable aux filles ; d'où l'une des sources des déséquilibres du genre dans les sphères de décision en Afrique subsaharienne.

On peut aussi noter des contradictions dans les discours publics qui défendent l'existence d'une corrélation positive entre l'éducation et la santé d'une part, et la lutte contre la pauvreté, l'exclusion socioéconomique et du genre, d'autre part. Il est de ce fait évident que les dévissements des politiques publiques en défaveur des secteurs de la santé et de l'éducation dans les années 1980, ont contribué à l'appauvrissement des ménages à revenus relativement modestes, au débauchage scolaire et à la dégradation des santés publiques. En d'autres termes, beaucoup d'institutions sanitaires et éducatives africaines subsahariennes sont aujourd'hui en situation de faiblesse du fait des mauvaises qualités de décisions prises notamment durant la décennie 1980. Ces mauvaises décisions se sont poursuivies la décennie suivante (années 1990), pendant que ces pays continuaient à débattre sur la démocratie ouverte, lors des fameuses conférences nationales. De mauvaises décisions à mauvaises décisions, les qualités de vie des populations se sont dégradées, la pauvreté qui était jadis majoritairement rurale envahit désormais les villes, nouveaux berceaux de la fragilité où le chômage, la précarité, l'insécurité, l'obscurité, le manque d'eau potable et les bidonvilles cohabitent.

Aux mêmes moments, les rouages économiques se désintègrent ; le secteur informel — auparavant combattu et dont l'existence est justifiée par les théories économiques libérales comme venant des dysfonctionnements sur les marchés formels (idées également promues par les institutions de Breton Woods) — est désormais toléré pour corriger les crises socioéconomiques récurrentes et les risques sociopolitiques engendrés par la politisation démesurée des Institutions publiques. Les marchés informels réels et financiers s'activent et innovent sans cesse pour survivre et permettre à leurs acteurs de renforcer leur *capabilité* (Sen, 1999). La paupérisation des cités devient inévitable. La fragilité gagne les villes, car la pauvreté s'urbanise sur fond de dualismes économique et financier.

La popularisation de la microfinance durant la décennie 2000 avait donné l'espoir de réduire l'exclusion économique et financière, et pallier le dualisme qui caractérisait les économies du continent. Dans les faits, plusieurs décennies après l'introduction des premières institutions de microfinance, par exemple en Guinée, les résultats restent mitigés. Certes, beaucoup d'acteurs, surtout les femmes, victimes des tris bancaires ont aujourd'hui davantage accès aux ressources financières offertes par les institutions de microfinance, mais cela ne leur a pas permis pour autant de quitter la pauvreté. Certains acteurs, au contraire, ont connu des situations de surendettement qui leur a couté l'estime et le respect dont ils jouissaient dans leur milieu social. Ces situations s'expliquent entre autres par :

- Les conditions débitrices défavorables : les montants des prêts, les taux débiteurs (qui peuvent aller jusqu'à 30 %), les délais de remboursement et les secteurs financés qui ne permettent à leur bénéficiaire de réaliser des économies d'échelle suffisantes pour l'essor de leurs activités. Pour preuve, en cas de survenance d'un imprévu dans la famille du bénéficiaire (problème de santé, éducation des enfants par exemple), l'instinct de survie le (débiteur) contraint, faute d'autres épargnes disponibles, à détourner le crédit de son objet pour financer cette autre dépense familiale urgente. Le crédit étant détourné de son objet (production), son remboursement s'en trouve compromis, tandis que le débiteur court le risque de surendettement. Finalement, donner un crédit à une personne démunie, en situation de détresse et/ou de précarité, pour entreprendre une activité économique productive, sans stabiliser ses autres besoins (santé, alimentation, éducation des enfants…), ne peut lui permettre de sortir de la pauvreté, particulièrement en environnement exposé à des chocs continus ;

- L'autre raison et non la moindre est exogène. Elle est liée à l'environnement d'exercice des activités économiques. En effet, de nombreuses études dénoncent les effets de l'environnement des affaires sur l'essor des entreprises en Afrique. En Guinée, des études commandées par l'Agence de Promotion des Investissements Privés (APIP, 2016) arrivent aux mêmes conclusions : la lourdeur administrative, la corruption, la persistance d'obstacles construits, l'insécurité et la protection des personnes et leurs biens (…), sont autant de facteurs qui contraignent le développement des PME/PMI, ou pour être global le développement du secteur privé. Déjà, sachant que de nombreuses entreprises, aux surfaces financières et aux capacités de production plus élevées, souffrent des contraintes de l'environnement des affaires, il va sans dire que les micros et très petites entreprises bénéficiant des microcrédits n'ont que peu de chances de survivre dans cet environnement. C'est pour cette raison que le taux de survie des entreprises dans cet environnement informel est très faible tandis que ses acteurs changent de branches d'activité autant de fois qu'ils espèrent des profits plus élevés ailleurs (Doumbouya, 2010).

Finalement, dans de nombreux pays en développement connaissant des niveaux de pauvreté importants, plusieurs milliers de personnes vivent une situation de fragilité. Les demandes sociales y sont fortes et croissantes, tandis que le potentiel démographique y est sous-utilisé. D'où la nécessité de mettre en place des politiques qui envisagent rigoureusement des solutions à cette évolution et permettent d'en gérer les débordements.

En effet, les chocs ne sont pas une fatalité, il n'existe pas non plus une nature plus favorable pour le développement qu'une autre. Les Australiens, les Canadiens ou encore les Russes peuvent en témoigner. Le plus important est de savoir ce que l'on veut, où l'on veut aller et s'armer des instruments adéquats. Pour illustration, le Japon et le Haïti sont connus pour être des zones sismiques de grandes échelles et à fréquences régulières. Pourtant, les effets d'impact produits et ressentis par les chocs sismiques ne sont pas comparables au niveau des populations dans ces pays. Le premier investissant beaucoup plus dans la prévention des risques et dans leur gestion en cas d'avènement, s'en sort de loin mieux tandis que le second semble beaucoup plus s'inscrire dans l'urgence et dans la réaction face aux chocs. En prenant certaines hypothèses fixes (similitudes des chocs en fréquences et en ampleurs), la différence entre ces deux pays renvoie dès lors à la qualité de la gouvernance (gestion publique, cohérence et pertinence des politiques publiques…) et à la qualité des institutions (résilience, inclusion, justice économique et sociale…) que l'on trouve dans ces pays.

Finalement, c'est avec des politiques publiques justes pour surveiller les facteurs risques, assorties de plans de gestion de ces risques que l'on parviendra à faire reculer la vulnérabilité. Pour ce faire, il faut un changement structurel, des réformes appropriées, combiné à une amélioration des politiques macroéconomiques, pour atteindre des niveaux de croissance économique favorables à la lutte contre la pauvreté et susceptibles de procurer à l'économie une capacité à bâtir un cadre de développement harmonisé et résilient. Lorsque les politiques publiques agissent autrement, on assiste à une fragilisation de l'environnement socioéconomique et institutionnel. Les effets des chocs seront dévastateurs sur la société et, quant à la population, celle-ci ne se retrouve plus dans les décisions de gestion publique. L'injustice et la mauvaise qualité des politiques publiques affaiblissent et engendrent des rapports intercommunautaires tendus et un dualisme socioéconomique improductif, pouvant aboutir à de l'extrémisme, à des conflits armés voire à l'émigration des plus fragiles.

2) **De l'absurdité de construire une économie sans dimension sociologique**

La culture occidentale a toujours été, en toile de fond, un cadre de réflexion des économistes. En effet, les divers et multiples courants de pensées et analyses économiques se ramènent en réalité aux comportements des agents économiques occidentaux ; même si l'on parle souvent de l'universalité des comportements économiques. Autrement dit, les économies en développement doivent donc leur modernité à l'évolution de la culture économique occidentale. Ce développement culturel (occidental) aurait ainsi contribué à ralentir l'épanouissement d'autres pratiques économiques culturelles comme celles de l'Afrique. Le contact historique se soldant par la cohabitation entre les systèmes de production classique (africains) et étrangers (occidentaux) a abouti à une domination de ce dernier, car cautionné par les institutions publiques coloniales puis validé par les autorités postcoloniales.

L'économie traditionnelle africaine fut alors reléguée au second plan et parfois même combattue par ces autorités qui la jugeaient nocive au développement des unités de production dites officielles. Les limites révélées du secteur formel à satisfaire les besoins des populations ces dernières décennies – en termes d'emplois, de protection sociale, d'égalité et de lutte contre la pauvreté – et l'incapacité des États à mettre en place des politiques publiques à même de corriger les problèmes engendrés par le système de production en place ont propulsé certaines pratiques économiques traditionnelles non officielles au-devant de la scène. Ces activités qui forcent l'acceptation des autorités cohabitent aujourd'hui non seulement avec le secteur formel, mais aussi se révèlent, sur plusieurs points, plus adaptées pour satisfaire les besoins de la masse populaire.

Ainsi, il ne fait point de doute que la pluralité du facteur culturel est négligée par les économistes (surtout les classiques et les néoclassiques) dans l'explication des comportements des agents au marché. En effet, l'expansion économique, pour eux, est liée purement aux facteurs économiques : elle est fonction des conditions du marché, des facteurs de production et d'écoulement des produits finis. Les acteurs économiques, notamment les entrepreneurs, sont donc, d'après eux, animés uniquement de comportements « *maximisateurs* ».

Par ailleurs, pour Parsons et Smelser (1956), les activités économiques sont influencées par des facteurs non économiques tels que : les normes sociales, les croyances, les motivations psychologiques du désir de réussir, la légitimité de l'activité, la question de l'exclusion sociale. L'admission de facteurs non économiques comme agissant sur les activités économiques n'est venue que tardivement, plus précisément au début des années 1980. Elle a été facilitée par l'impact positif des civilisations des pays d'Asie pacifique sur leur développement industriel notamment l'entrepreneuriat.

Au Japon, en Corée du Sud ou au Taiwan, il est évident que certains éléments à caractères culturels ont dû affecter (ou affectent) l'épanouissement de l'entrepreneuriat privé, mais ces éléments ont été (ou sont) négligeables comparés aux conditions socioéconomiques que présentent ces pays. En plus, l'exercice des activités économiques ne perturbe pas fondamentalement les valeurs culturelles de ces pays. Loin d'être un obstacle, les valeurs culturelles s'y sont généralement avérées de bons réceptacles aux modes de production capitaliste, et la prise en compte par l'investisseur étranger de variables culturelles a permis l'implantation et la réussite d'entreprises étrangères en Asie.

En conséquence, la culture et les activités économiques ne sont pas dissociables, car toute activité humaine, économique ou non, est à un moment donné le fruit d'un niveau d'ingéniosité culturelle. Ces états d'esprit, qui sont le reflet du niveau de cognition de la société, sont transférables d'une société à une autre ou d'un agent à un autre. En revanche, ils ne sont pas forcément substituables et ne devraient pas l'être, pour permettre à tous les acteurs économiques de prendre part au processus productif ce, de manière inclusive.

Schumpeter (1951) ne soutient-il pas que l'épanouissement de l'activité *entrepreneuriale* nécessite un climat social qui lui soit propice. Les climats sociaux n'étant pas substituables d'une région à une autre, il est évident que pour développer une activité économique donnée, qui s'intègre convenablement dans son contexte environnemental, la prise en compte du facteur culturel est indispensable pour sa réussite. La négligence de cet aspect conduit le plus souvent aux schémas que l'on rencontre actuellement dans les pays en développement : essor d'activités économiques et financières informelles, perte de repères, absence de motivation psychologique du désir de réussir, « vulnérabilisation » de certaines couches de la population, exclusions socioéconomiques et finalement dualisme économique et financier.

En outre, ce qui est en jeu, c'est la dominance de la primauté de l'économie en tant que discipline sur l'économie en tant qu'objet (PEPS-Économie, 2011) ; ce qui conduit nombre de décideurs de politiques publiques à utiliser et appliquer des instruments (inspirés de théories dominantes) pourtant non universels dans n'importe quel contexte pour atteindre un objectif défini. Dans les pays où ces applications ont lieu, l'économie a tendance à évoluer à tâtons, sans être en mesure de satisfaire efficacement les besoins des populations. Ceci est observable dans les économies africaines de rente, à base productive étroite, souffrant en effet d'une sensibilité aiguë aux états conjoncturels de l'économie mondiale. Comme cela est évoqué ci-dessus, la consommation intérieure est alors décalée par rapport à l'activité économique, les unités de production performantes, qui fonctionnent, s'activent à satisfaire la demande extérieure.

En conséquence, les revenus distribués ne génèrent pas de demandes supplémentaires en faveur de l'économie nationale, ce qui entraîne un accroissement des coûts de production et une flambée des prix, notamment des produits importés, attirés par la demande intérieure. C'est pourquoi, en dépit des efforts des autorités monétaires en Guinée, pour juguler le niveau de l'inflation, qui est passé de 21 % en 2010 à 9 % environ en 2020, le taux se stabilise autour de 10 % ; confirmant ainsi l'existence de bien d'autres facteurs, comme les coûts et la demande, pour expliquer la résistance à la baisse du taux d'inflation à un niveau raisonnable.

Ce qu'il faut retenir de ce qui précède est que les lois économiques ont un caractère contingent, et elles doivent être considérées comme telles. En aucun cas, elles ne peuvent se réclamer universelles, au risque de servir à des fins autres que celles visées ; car elles sont socialement déterminées et inséparables de leur contexte institutionnel, selon Max Weber.

En outre, les fonctions sociales, les valeurs et autres principes généraux de la société ont un impact considérable sur les comportements sociaux vis-à-vis de l'entreprise [Parsons et Smelser, 1956].

C'est à ce niveau que le rôle des politiques publiques est déterminant pour amener l'entreprise ou les initiatives économiques à faire de son environnement vital un atout pour son essor. Toutefois, lorsque cet appui fait défaut, les entreprises, qui se créent, sont défavorisées par l'hostilité environnementale ; leur survie dépend de ce fait de leur capacité d'adaptation. Une des façons de s'adapter est d'exercer dans le cadre informel ou d'être à cheval entre les circuits formels et informels, particulièrement lorsque l'environnement des affaires est miné de mesures discrétionnaires.

Par ailleurs, bien que les deux positions ci-dessus soient les plus avancées sur les origines du secteur informel, elles ne sont pas exhaustives, car de nombreuses autres positions, quoiqu'assez nébuleuses, existent également. C'est pourquoi, à cause de cette divergence d'opinions, il est difficile de donner une définition précise de l'*informalité* de certaines activités économiques ; d'où la préférence globalement répandue de procéder par ses caractéristiques pour mieux les comprendre.

3) **Caractéristiques des activités économiques informelles**

Les activités économiques dans le secteur informel se caractérisent globalement par des *activités indépendantes* et des *activités salariées*.

- Les *activités indépendantes* sont exercées, entre autres, par les travailleurs à domicile, les commerçants ambulants et le personnel de maison. Les personnes exerçant ces métiers ne sont pas souvent enregistrées dans le registre du commerce et la population qu'elles forment est majoritairement composée de femmes et jeunes chômeurs.
- Les activités salariées sont l'œuvre de très petites unités de production, ou « microentreprises », opérant dans

les zones périurbaines et rurales. On les retrouve de plus en plus dans les centres urbains. Ces très petites entreprises sont généralement de type familial et, pour celles qui connaissent des relations salariales, le nombre de salariés varie entre 1 et 5 voire 6 selon le Bureau international du Travail (BIT). Les contrats liant les propriétaires aux salariés n'ont aucun support juridique, aucune politique de protection sociale et reposent le plus souvent sur des relations sociales et de confiance. Ces entreprises fonctionnent selon des règles non écrites et des contrats implicites. Très souvent, les employés sont les membres de la famille, des personnes proches ou des personnes dont on a la charge d'assurer l'éducation et qui ne sont pas forcément membres de la famille élargie.

En outre, ces microentreprises sont des éléments à part entière du patrimoine personnel des propriétaires ou du ménage. Par conséquent, leurs actifs (immobilisés et financiers) sont utilisés indifféremment soit au profit du ménage, soit au profit de l'unité de production. En contrepartie, le propriétaire de l'entreprise est responsable de son passif.

Ces comportements s'expliquent par des raisons économiques fondant leur création : *faire face aux dépenses quotidiennes*. Ces dépenses sont aussi larges que les besoins du ménage, il s'agit entre autres des charges alimentaires, des frais de scolarité des enfants, les frais des soins de santé de la famille, des charges personnelles de l'entrepreneur, mais aussi des charges communautaires. Cette confusion du patrimoine de l'entreprise à celle de la famille explique aussi les taux élevés de disparition des microentreprises et/ou de reconversion des micro-entrepreneurs d'une branche d'activité à une autre, à la recherche d'opportunités de profits (Doumbouya, 2011). En l'absence de soutiens étatiques pour aider à la prise en charge des frais d'éducation des enfants et de couverture sanitaire ou plus généralement pour face aux déséquilibres structurels du marché de l'emploi et ses corolaires, les ménages se trouvent obligés de créer en leur sein des activités génératrices de revenus, qu'ils gèrent communément, à tour de rôle, afin de s'assurer de meilleures conditions de vie.

Par ailleurs, si les opérateurs du secteur informel sont généralement admis comme pauvres, cependant le rapport entre le fait de travailler dans le secteur informel et le fait d'être pauvre n'est pas évident à établir. À ce propos, nous avançons deux raisons :

Premièrement, travailler dans le secteur informel n'implique pas forcément la perception de faibles revenus. En effet, dans de nombreux pays en développement, il y a des travailleurs indépendants du secteur informel dont les revenus sont plus que ceux des fonctionnaires de l'État et dont les chiffres d'affaires dépassent parfois ceux des entreprises formelles. En Guinée, dans les débats publics certains se font appeler les opérateurs *informels supérieurs*, un terme qui consiste à obtenir sans doute un regard tolérant de l'administration sur les activités des acteurs concernés. Dans les faits cependant, ce terme cache une vocation manifeste à échapper notamment à la fiscalité (domestique et de porte) et aux tracasseries administratives évoquées antérieurement.

Cette appellation couvre donc la peur qu'ont certains de nos opérateurs à développer leurs activités. En effet, en l'absence d'un système de protection des acteurs économiques et leurs investissements et d'un cadre d'accompagnement institutionnel en faveur des opérateurs économiques nationaux, de nombreux acteurs recourent à différentes méthodes pour protéger leurs investissements. Alors que certains opèrent entre les rouages formels et informels, d'autres vont jusqu'à s'établir en dehors du territoire national. C'est ainsi que de nombreux opérateurs économiques guinéens opèrent à la fois notamment au

Sénégal, en Côte d'Ivoire, en Sierra Léone, etc. C'est pour eux une façon de protéger leurs actifs, en évitant de « mettre tous leurs œufs dans un même panier ». Ainsi, dépendamment de l'état de stabilité du pays et des contraintes administratives à surmonter, ils font le choix de faire basculer d'un secteur à un autre (formel versus informel) ou d'un pays à un autre leurs investissements.

Aussi, n'est-il pas rare de rencontrer dans le pays des fonctionnaires exerçant en plus de leur activité principale, indirectement des activités secondaires informelles en vue d'améliorer dit-on *leurs revenus mensuels*. Ceci dénote une fois de plus la pluralité de l'économie informelle et l'imprécision de la frontière qui la sépare de l'économie formelle. La situation interpelle également sur l'urgence et la nécessité d'engager des réformes de fonds pour une véritable transformation structurelle des économies du continent, qui doivent s'émanciper des séquelles d'économies de comptoir. Quant à l'engagement familial, il est motivé par souci de participer au bien-être de tous, en se donnant les mains, les uns les autres, pour faire face ensemble aux vicissitudes environnementales ou pour prévenir le risque. Bien que cette initiative mobilise au moins une personne, les rapports qui lient les membres en association ne sont pas systématiquement salariaux, c'est de l'assurance collective ou familiale.

Le plus souvent, lorsque les fonctionnaires exercent en parallèle informellement des activités économiques, il n'est pas rare de dénoter l'existence de mesures administratives discrétionnaires défavorables aux intérêts de l'État. C'est par exemple le cas de nombreux acteurs économiques imposés au forfait en Guinée, qui travaillent en partenariat avec des fonctionnaires. Une révision rigoureuse et conforme aux principes de ces situations permettrait de reverser beaucoup de contribuables dans le régime fiscal régulier. Une telle mesure suggère cependant que l'État réforme l'environnement des affaires, pour le rendre incitatif et favorable à l'incubation des nouveaux acteurs qui font le choix de se formaliser.

Deuxièmement, il faut remarquer qu'il ne suffit pas d'exercer dans un cadre réglementaire ou formel pour échapper à la pauvreté. Comme nous l'avons dit, nombreux sont les travailleurs de l'économie formelle qui perçoivent des salaires de subsistance. En conséquence, ils n'hésitent pas à se lancer dans l'économie de la *débrouillardise* pour faire face aux besoins non couverts par les revenus tirés des salaires et chercher les voies et moyens permettant de prévenir les éventuels chocs extérieurs ou de mieux les gérer en cas de survenance. En comparant cependant les revenus moyens dans les secteurs formel et informel, il ressort que ce dernier est dans bien des cas supérieurs, surtout pour les opérateurs du secteur informel supérieur. Partant de l'hypothèse que les acteurs font des choix entre les deux secteurs, tenant compte de ce qui précède, on arrive à la conclusion suivant laquelle l'état de pauvreté ne peut à lui seul expliquer les choix des acteurs d'exercer en marge du cadre formel.

On peut y voir aussi l'échec des politiques publiques à prêter attention ou soutenir des acteurs économiques locaux. C'est tout de même surprenant de voir qu'en Guinée, tout comme dans beaucoup de pays en Afrique subsahariennes, toutes les conditions sont créées pour attirer les investissements venant de l'extérieur, faire plaisir à l'investisseur étranger alors qu'au même moment l'investisseur local, pour survivre de la concurrence déloyale dont il est victime et pour minimiser la nocivité de l'environnement sur ses affaires, est dans l'obligation de se cacher, de tricher voire expatrier une partie de ses activités.

Imaginons si toutes ces réformes entreprises pour l'amélioration de l'environnement des affaires visaient prioritairement à gagner la crédibilité des acteurs économiques locaux, combien de Dangoté[7] ou riches entrepreneurs les pays africains auraient produits. De plus, cela corrigerait l'extraversion tendancielle dangereuse des économies africaines subsaharienne et participerait à leur densification ; car il y aurait eu moins de sorties de capitaux, plus de circulation de l'épargne localement et plus d'emplois créés tandis que le potentiel économique du secteur informel se libèrerait et les opérateurs économiques locaux n'auraient plus besoin de se disperser pour se maintenir sur les marchés.

Certes, l'afflux des personnes vers les activités économiques informelles est également d'autant plus important que la pression démographique et l'exode rural sont forts et le niveau d'instruction et de qualification des personnes actives à la recherche d'emplois faibles. À ce niveau également, la qualité des politiques publiques en place est sérieusement mise en cause, à la fois en faveur de l'éducation, de l'emploi de qualité, du développement urbain et de la population en général. En effet, l'incapacité des politiques publiques à corriger les inégalités produites par les forces du marché, combinées à la mauvaise redistribution au moyen des impôts et des transferts fiscaux engendrent l'essor d'activités de survie chez plusieurs acteurs ; qu'elles soient des personnes physiques vivant précairement au jour le jour ou des personnes morales, peu ou pas compétitives, échappant aux contraintes administratives pour faire face à la concurrence.

Ce comportement des agents économiques du secteur informel qui dépasse les contradictions entre les sciences économiques et les réalités sociales est soutenu par la théorie des conventions[8]. Cette théorie tente de remettre les

---

[7] Homme d'affaires et richissime nigérian

[8] La *Théorie des conventions* est née à la suite des travaux publiés par J.-P. Dupuy, F. Eymard-Duvernay, O. Favreau, A. Orléans, R. Salais et L. Thevenot, dans la *revue économique*, n° 2, mars 1989, pp. 141-361.

actions économiques dans leur contexte social, pour intégrer une dimension extra-marchande dans les relations économiques. Elle procède, dans ce schéma, d'abord par la remise en cause des hypothèses néoclassiques de rationalité, d'individualisme et de primauté du marché dans la coordination des actes économiques, pour enfin recommander la prise en compte des règles, normes et Institutions dans la régulation de l'économie.

Pour les partisans de cette école, l'action économique s'inscrit dans la société, par conséquent elle ne peut lui être étrangère. Tout laisse croire que les comportements des agents du secteur informel obéissent à cette logique, car il apparaît *in fine* qu'une entreprise n'a d'utilité que lorsqu'elle permet de faire face aux besoins quotidiens des agents impliqués dans son processus productif. Cependant, cette forme de valorisation du capital revêt un aspect social propre aux sociétés en développement. Hugon (1991) dit à ce propos que « *les activités multiformes qui prolifèrent dans les villes du tiers-monde constituent des processus historiques liés d'une part à des formes particulières d'accumulation et de valorisation du capital, d'autre part, à des ruptures dans les modes de reproduction sociale* ».

Il émane de ce qui précède une multiplicité de facettes du secteur informel qui dénote sa complexité. D'une manière générale, « *l'économie souterraine regroupe toutes les activités qui ne sont pas déclarées ou qui sont dissimulées. Elle résulte d'un choix qui prend en compte certaines obligations notamment fiscales. On peut supposer qu'à un moment donné correspondant à l'année de base, elle était nulle. L'économie informelle dans les pays en voie de développement caractérise le milieu naturel dans lequel évoluent les agents économiques, et elle a toujours existé* » (Lelart, 1990).

Le fait important dans les activités économiques informelles est le succès qu'elles enregistrent dans pratiquement tous les pays en développement, au point qu'elles remettent en cause la pertinence des politiques économiques mises en place. Le dynamisme de ce secteur provient de l'essoufflement des politiques classiques de développement observées par les États et de la forte capacité d'adaptation de ses acteurs (très petites, petites et moyennes entreprises) à leur environnement. Aussi, cette dynamique suggère de revoir le modèle de développement qui prévaut actuellement en Afrique, en valorisant davantage la production des ressources naturelles en interne et en investissant dans la transformation des produits primaires pour engendrer un cercle vertueux d'accroissement de la production et de partages harmonieux de richesses (Lopes, 2021).

Par ses facultés productives et de redistribution, ce secteur se présente d'une part comme un choix pour les *délaissés* d'intégrer la vie économique et d'autre part, comme un moyen de régulation sociale. La lutte menée en vue de prendre part au processus productif national met en relation dynamique les acteurs des deux secteurs. Toutefois, la normalisation du secteur informel devient ardue du fait du poids économique des opérateurs de l'*informel supérieur* et de l'absence ou l'insuffisance des mesures d'accompagnement convaincantes en faveur des unités de production dites informelles. En effet, ces acteurs à cheval entre les cadres formels et informels sont petits en effectif, mais très pesants en influence économique à l'échelle nationale, y compris dans leur secteur respectif. La diversité de leurs activités, le nombre d'acteurs avec lesquels ils interagissent et le réseau qu'ils ont réussi à tisser dans le temps leur permettent de réaliser des chiffres d'affaires beaucoup plus importants que ceux qu'ils réalisent dans le cadre formel. Ils développent leurs activités à l'horizontal ; car ils n'ont rationnellement aucun intérêt à ce que des politiques publiques accompagnant la normalisation de leurs activités soient mises en place, sans assurances quant à un environnement des affaires plus favorable.

En Guinée, nombreux sont les opérateurs économiques du secteur informel supérieur qui investissent de plus en plus dans la transformation industrielle des produits locaux. En effet, les actions publiques au cours des dix dernières années en matière de résorption du déficit en infrastructures (réseaux électriques, routes, ports, outils numériques) et les attentions portées à leurs activités ont été déterminantes dans l'attrait des investissements favorables à la croissance économique. Beaucoup de ces opérateurs économiques locaux, autrefois de grands commerçants, aux activités axées pour l'essentiel sur l'import-export de produits alimentaires, se lancent désormais dans l'industrialisation sans avoir effectivement quitté le secteur informel. Au contraire, ils utilisent leurs réseaux informels de distribution de marchandises pour également diffuser leurs nouveaux produits industrialisés localement. Cela leur permet de réaliser rapidement des économies d'échelle et de se protéger des contraintes administratives. Un autre avantage d'être ainsi à cheval entre les deux secteurs est de pouvoir accéder aux avantages procurés par les rouages économiques formels. Il s'agit par exemple des crédits bancaires, des accompagnements pour le renforcement des capacités et autres subventions accordées par l'État.

4) **Une économie cloisonnée en trois compartiments faiblement interactifs**

Paradoxalement les gouvernements en Afrique déploient d'importants efforts pour attirer les investisseurs de l'étranger en rivalisant notamment dans l'initiation des réformes structurantes pour améliorer l'environnement des affaires. Chaque point gagné dans le *doing business* fait l'objet de communications. Dans certains pays, ces résultats sont si bien applaudis que l'on a l'impression que la finalité est atteinte, les investissements vont désormais affluer et l'objectif du développement est plus près. On oublie que ce classement ne symbolise en réalité que la reconnaissance de la disponibilité d'un instrument favorable au développement des affaires.

Au courant du mois de septembre 2021, une décision du Groupe de la Banque mondiale a certes annoncé la suspension du *doing business*, pour cause d'irrégularité dans les données. Mettons-nous cependant d'accord sur un point. Ces réformes sont en effet utiles. D'ailleurs beaucoup d'entre elles sont aussi favorables aux acteurs économiques domestiques. Toutefois, la façon dont elles sont conçues, conduites et les résultats attendus donnent l'impression que les autorités se préoccupent beaucoup plus à glaner des points pour la crédibilité extérieure et pour les discours politiques. Quant aux résultats produits par l'implémentation de ces réformes et leur ampleur, ils importent souvent moins. Par ailleurs, aussi universelles soient ces réformes, il faut tout de même admettre qu'elles visent surtout à attirer l'épargne extérieure et à rassurer les investisseurs étrangers sur la sécurité de leurs investissements. Ceci explique entre autres pourquoi les pays qui enregistrent de bons scores ne manquent aucune occasion de les rappeler notamment lors des rencontres des investisseurs à l'échelle internationale.

De plus, les investissements étrangers attendus, ciblant les secteurs les plus rentables, assortis de conditions fiscales et d'implantation défiant toute concurrence, se servent pour l'essentiel des régions d'investissement pour desservir des marchés précis, où le pouvoir d'achat est considérable. Il ne fait aucun doute qu'ils favorisent, dépendamment du secteur d'activité, la création d'emplois, et distribuent des revenus, diminués des avantages qui leur ont été accordés par les codes des impôts, des douanes et des investissements. Il arrive aussi souvent que d'autres avantages ad-hoc, consignés dans les conventions et ratifiées par les parlements, s'y ajoutent, quitte à faire distorsion aux lois en vigueur et à la saine concurrence.

On rencontre plusieurs investissements de ce type implantés dans des pays africains subsahariens. Les sociétés qui les réalisent ne sont que faiblement connectées au reste des économies d'implantation alors qu'elles jouissent de tous les avantages antérieurement cités pour réaliser des bénéfices inattendus. Ces pratiques économiques désharmonisées, que Hugon (2013) qualifie d'extraversion de l'économie, désintègrent davantage les économies de la région qui restent cloisonnées entre économie informelle, économie formelle locale et économie formelle tournée vers l'extérieure, tenue par les investisseurs étrangers. Pour ce dernier segment, les pertes pour les pays africains subsahariens sont considérables comparées aux bénéfices attendus : l'État perd en renonçant à ses revenus (congés fiscaux et autres mesures discrétionnaires), les employés perdent, car percevant des salaires relativement bas, parfois travaillant dans des conditions défiant la législation standard du travail, tandis que l'entreprise interagit moins avec le reste de l'économie, l'essentiel de ses intrants étant importés et ses débouchés se trouvant à l'extérieur. Il arrive même que les populations locales vivant autour des zones d'implantation de ces sociétés subissent à tort les conséquences de la dégradation de l'environnement engendrée par les exploitations de ces sociétés. Parler d'une croissance appauvrissante dans ce cas précis n'est pas exagéré.

Premièrement, parce que la cloison secteur informel reste statistiquement méconnu. Certes de nombreuses études existent sur le secteur ; toutefois, les modes de financement des activités économiques informelles, les apports effectifs de ce secteur en termes de valeur ajoutée, les relations salariales et autres conditions de travail ou encore les modes de répartition des richesses créées ainsi que les modes de transmission des décisions de politiques économiques restent encore nébuleuses voire floues. Incontestablement, l'information la plus fiable que l'on doit reconnaitre de ce secteur demeure sa taille en termes de personnes actives employées et le nombre massif de mauvais emplois qui le caractérisent, ce qui se voit aisément notamment dans les marchés publics, le long des artères des villes et dans les zones périurbaines africaines.

Deuxièmement, parce que le secteur formel local est atonique. Il se compose de multiples PME/PMI faiblement capitalistiques à la fois en ressources humaines et en capital (financier et physique). Les instruments qui servent à leur gestion ne sont pas systématiquement en phase avec les objectifs visés, qui restent par ailleurs évasifs entre le purement social (faire face aux dépenses du ménage au jour le jour) et l'économique (dans le sens microéconomique du producteur). Les quelques rares grandes entreprises que l'on trouve dans ce secteur sont peu compétitives du fait des coups des facteurs qui grèvent leurs charges d'exploitation. Elles sont aussi victimes de la précarité de l'environnement, de la corruption et de l'insécurité. Pour résister à ces vicissitudes environnementales et espérer accroitre l'espérance de vie de leurs entreprises, leurs initiateurs s'adossent à des acteurs politiques ou s'invitent dans le jeu politique pour négocier certaines faveurs, des mesures discrétionnaires ou des contrats. Dans ce cas aussi, il est difficile d'apprécier objectivement les réelles performances de ces entreprises dont beaucoup ont une partie de leurs activités dans l'informel. Plusieurs d'entre elles ne sont pas non plus enregistrées dans les registres du commerce alors qu'elles effectuent des transactions avec l'étranger.

Troisièmement, parce que les unités de production du secteur formel extraverti fonctionnent comme si elles étaient isolées du reste de l'économie réelle. En effet, des trois groupes de secteur, ce dernier comporte des entreprises les plus dynamiques, les plus compétitives et disposant de plus fortes capacités aussi bien en ressources humaines qu'en capital. Ce sous-secteur est plus résilient aux chocs, comme on en a vu lors de l'épidémie à virus Ebola et on l'observe encore en cette période de crise de covid-19. Alors que les deux autres cloisons de l'économie étaient sérieusement ébranlées par les conséquences de cette épidémie à virus Ebola, les sociétés minières qui la composent ont relativement résisté aux effets de la crise, permettant à l'époque à l'économie d'éviter théoriquement la récession[9].

Rappelons que dans les forts taux de croissance enregistrés par l'économie guinéenne (6 % en moyenne entre 2011-2019) environ la moitié revient au secteur minier alors que les activités de ce secteur sont tournées pour l'essentiel vers l'extérieur et ses entreprises interagissent peu avec le reste de l'économie. Il est clair que les performances économiques réalisées à l'échelle nationale ne bénéficient pas sensiblement à l'économie, en termes d'emplois de qualité créés, de revenus distribués localement et d'effets induits sur les autres secteurs. Elles ne concourent pas effectivement à l'amélioration du bien-être des populations et à la transformation structurelle de l'économie.

Ce cloisonnement de l'économie réelle se ressent aussi au niveau des canaux de financement de l'économie. En effet, il ne fait point de doute que le secteur économique réel formel extraverti se fait financer par les investissements directs étrangers ; car les montants en jeu sont si importants

---

[9] En cette période de crise de la covid-19, l'économie guinéenne fait encore une fois preuve de résilience avec un taux de croissance prévisionnelle de 7 % en 2020, selon l'Institut national de la Statistique (INS). Cette performance est essentiellement due au secteur minier qui est resté à l'abri des effets de la crise.

qu'ils dépassent les capacités de prise en charge financière des banques commerciales de la place. Le secteur économique réel local en ce qui le concerne fait l'objet d'un rationnement des établissements financiers pour des raisons suivantes :

- Les entreprises qui la composent éprouvent des difficultés à produire des dossiers bancables ;
- De nombreuses entreprises exerçant dans ce secteur n'ont pas de cadre juridique rassurant les banques de leur accorder des financements ;
- Certaines entreprises privilégient l'autofinancement pour des raisons qui leur sont propres ;
- De nombreuses entreprises ne peuvent remplir les conditions bancaires pour accéder à leur financement (garanties, taux d'intérêt élevés…) ;
- Les établissements du crédit rechignent à s'engager dans le financement de l'économie notamment pour cause d'excès de prudence ou de manque d'imagination.

Par ailleurs, pendant que les efforts de mobilisation de l'épargne extérieure s'intensifient, l'épargne domestique est négligée ; aucune politique viable ni structurante n'est mise en place pour la canaliser et en assurer une affectation optimale par les Institutions financières. En Guinée, par exemple, le réseau de mobilisation d'épargne des banques locales manque d'envergure et d'efficacité pour capter ces ressources oisives qui se meuvent informellement, entre acteurs économiques et entre la diaspora et les populations locales. L'essor des systèmes de transfert d'argent de type *mobile money* en constitue une preuve avec plus de USD 69,4 millions de transactions en 2019, contre USD 45,4 millions en 2018. Quant aux transferts d'argent de la diaspora guinéenne à destination de la Guinée, les statistiques officielles que l'on trouve dessus l'estiment à USD 91,31 millions en 2017 et USD 56,5 millions en 2018 (Annuaire Statistique de l'INS 2019). Un montant sans doute sous-estimé notamment lorsqu'on prend en compte les circuits parallèles de transfert à destination et en partance de la Guinée. La régularité de ces circuits et leur densité sont confirmées par les résultats des enquêtes de pauvreté conduite par l'Institut national de la statistique (INS), où les ménages confirment, en plus des revenus issus de leurs activités, recevoir des ressources d'un des leurs vivant à l'extérieur. Ces revenus sont, soit affectés à la consommation des ménages, soit à la construction de logements, soit à la réalisation d'activités économiques.

Les mêmes observations valent pour le secteur agricole, qui abrite plus de 60 % de la population active nationale en Guinée et la majorité des pays africains. Ces acteurs subissent les effets des fluctuations des revenus agricoles engendrant par moment des risques de consommation considérables pour les ménages agricoles. Alors que les résultats de l'enquête de pauvreté (INS, RGPH-3 2020) estiment le taux de pauvreté rurale à 55,4 %, comment peut-on gagner la lutte contre la pauvreté lorsque les revenus des paysans dans le secteur agricole ne leur permettent pas d'opérer un lissage contra cyclique ?

L'absence de mécanismes de capture de l'épargne des acteurs du monde rural lors des bonnes périodes pour être réutilisée en cas de mauvaises périodes agricoles, vient de l'absence d'un cadre organisationnel et d'orientation adapté. Les offres de services financiers dans ce domaine sont rares. Quand elles sont disponibles, les actifs financiers, qui vont avec, ne sont pas adaptés aux besoins des paysans (taux d'intérêt élevés, conditions bancaires contraignantes, autres dysfonctionnements inhérents au marché du crédit…). Il s'y ajoute l'absence d'une politique assurantielle, pour couvrir les risques de plus en plus récurrents dans ce secteur qui subit année après année, les effets du changement climatique, et les difficultés de stockage et de transformation des productions.

On comprend donc les relations de cause à effet entre l'instabilité du revenu et les risques de consommation induits. Une telle situation explique rationnellement les choix et comportements des paysans qui optent généralement pour la diversification de leurs activités ou le partage des risques en communauté. D'autres acteurs par ailleurs changent tout simplement de type de production d'une saison de production à l'autre, dans l'espoir de se prémunir des éventuelles pertes de revenus ; ce qui fragilise la consolidation du capital connaissance sur le secteur.

5) **Secteur informel, marché du travail et contribution à l'économie**

En réalité, le concept de marché du travail dans un environnement économique dominé par les activités économiques informelles se révèle moins pertinent. Il reste une création purement théorique, d'autant plus que les informations utilisées pour analyser ce marché afin d'établir à quel point l'offre s'ajuste à la demande ne concernent que les activités formelles ; sans compter que la qualité de ces informations peut se discuter. En effet, même si l'on admettait le contraire, il va sans dire que ce marché ne peut avoir une dimension nationale, car dans les faits les acteurs du monde rural ne sont pas demandeurs d'emploi, au contraire ils veulent rester dans leur zone de production et continuer à pratiquer ce qu'ils font depuis plusieurs décennies pourvu qu'ils reçoivent les appuis leur permettant de vivre de leurs efforts. En voulant les faire passer d'une agriculture autoconsommée de subsistance à une agriculture à visée commerciale, on peut alors comprendre que cela engendre un marché de travail, mais qui dispose de ses propres règles qui peuvent être différentes des règles classiquement connues du marché du travail.

En restant sur notre analyse économique par les cloisons, entamées au point précédent, on peut distinguer une cloison inférieure dite informelle entre autres par son mode de production, son statut juridique et ses facultés d'accès aux capitaux des établissements financiers officiels même si l'on peut convenir que les frontières restent floues entre activités dites légales et illégales.

Cette cloison est aussi une évolution des pratiques sociales. En effet, il est des pratiques sociales qui sont devenues des activités économiques par leurs aspects institutionnels. Ces pratiques représentent une certaine réaction des populations contre l'*apartheid socio-économique* dont elles sont victimes. Certes, cette situation interroge sur l'adaptabilité des outils mobilisés dans le sens de l'économie comme discipline, pour atteindre des objectifs d'amélioration du bien-être des populations. Il est vrai que la vision dominante de l'économie s'appuyant sur le raisonnement marginaliste défend l'idée suivant laquelle le dysfonctionnement des institutions officielles et les mauvaises décisions à caractères publics conduisent certains particuliers, animés par un sentiment d'injustice socioéconomiques, à exercer plus ou moins volontairement dans le secteur informel. C'est pourquoi, il ne saurait y avoir une analyse pertinente du marché du travail dans les pays d'Afrique subsaharien sans prise en compte de la dimension sociologique.

Par ailleurs, les contributions les plus importantes d'un secteur informel à une économie en développement comme celle de la Guinée sont généralement le travail et les revenus qu'il génère. Elles sont à la mesure des productivités marginales des facteurs utilisés pour la production. En effet, au-delà de son aspect intégrateur dans le processus productif national, le travail procure aux acteurs de ce secteur des revenus (si modestes soient-ils) qui leur permettent de maintenir ou améliorer leur niveau de vie. En outre, sur un plan purement sociologique, l'exercice d'une quelconque activité utile est perçu dans une telle société, comme signe de responsabilité, comme la marque d'une certaine maturité d'esprit et d'une volonté manifeste de gagner la confiance de la société dont le jugement est toujours placé au-dessus de celui de l'individu.

En revanche, la participation à la production nationale d'un entrepreneur, individuellement pris du secteur informel paraît incontestablement faible aux vues de la qualité et de la nature des intrants utilisés dans le processus productif. Mais en faisant la sommation des contributions de cette kyrielle de micros producteurs, le résultat est bien plus important, même si cela n'apparaît pas réellement dans les statistiques produites sur le secteur.

L'indisponibilité ou l'insuffisance de données statistiques fiables ci-dessus évoquées ne permet pas d'apprécier objectivement cette contribution à la valeur ajoutée nationale. De plus pour la cloison supérieure du secteur informel, les valeurs ajoutées avancées sont à prendre avec réserve, car, comme il a été précédemment souligné, certains acteurs opèrent à la fois sur les deux registres (formel inférieur et informel supérieur). Ce qui est certain cependant, c'est que ce secteur, du fait de la pluralité de ses acteurs et la diversité des branches d'activités impliquées, concourt effectivement à la production nationale.

L'accroissement de la population guinéenne s'accompagne également d'importants mouvements migratoires, et particulièrement de l'exode rural. Le déversement des contingents ruraux à la recherche d'un premier emploi dans les milieux urbains pose deux principaux problèmes :

- Le premier est relatif à la qualité de la force de travail qu'ils offrent sur le marché du travail. Ces personnes viennent généralement des zones où le seul savoir-faire valorisé est la production agricole dans son sens global ; ces connaissances s'appuient le plus souvent sur des techniques de production rudimentaires. Autrement dit, par manque de formation, ces personnes ont une capacité de reconversion quasi nulle et par conséquent, un capital humain faiblement sollicité par le marché du travail. En conséquence, à l'exception des travaux purement physiques qu'elle pourrait exercer, cette main d'œuvre est très peu sollicitée officiellement sur le marché de l'emploi, car sa productivité marginale est faible par rapport à la moyenne urbaine.

- Le deuxième problème vient du déséquilibre structurel inhérent au marché du travail. Sur ce marché, la demande du travail est de loin inférieure à l'offre. Les demandeurs d'emploi sont principalement des jeunes diplômés des centres de formation nationaux, à la recherche de leur premier emploi, les *déflatés* de la fonction publique ainsi que les immigrés en provenance des zones rurales et des pays limitrophes à la recherche du travail.

L'insatisfaction générale de ces jeunes à trouver de l'emploi, la reconversion des fonctionnaires *déflatés* et l'immigration rurale conduisent au redimensionnement d'un secteur informel jusque-là négligé où le revenu et l'auto-emploi sont relativement assurés. D'après les statistiques, en Guinée, plus de trois personnes actives sur cinq exercent exclusivement ou partiellement au moins une activité informelle. En dehors du secteur minier, le secteur informel contribue également à la production nationale en termes réels. Une enquête portant sur l'*Emploi et le Secteur Informel* (INS, 2020) révèle que la production annuelle des unités de production informelles de biens et services (mesurée par le chiffre d'affaires) est dominée par le commerce (70,9 %), suivi respectivement par l'industrie (19,6 %) et les services (9,5 %). Renforcée par ses différents segments de couche sociale, l'économie informelle atteindrait des niveaux assez considérables.

Il en résulte que l'économie informelle, en Guinée, est génératrice à la fois d'emplois et de revenus. Elle renferme des unités de production assez atomisées qui se livrent à des concurrences intra-sectorielles et intersectorielles dimensionnées à l'environnement d'opération. Les microentreprises qui s'y activent naissent autant qu'elles meurent et leurs tailles dépendent à la fois des services financiers dont elles bénéficient, de la maîtrise par les opérateurs des rouages du marché, de la capacité de gestion et de la politique de développement suivie. En d'autres, termes, leurs chances de survie sont fonction de l'habileté du micro-entrepreneur (gérant), des vicissitudes de l'environnement des affaires et de la dimension des ressources utilisées (autofinancement, financements familial ou institutionnel).

Les récents développements du secteur informel en Guinée sont attribuables à ses facultés à donner à l'économie à la fois son caractère social, redistributif et productif. En effet, pendant que les gouvernants s'accrochent obstinément au retour des investissements, pour générer la croissance et développer l'économie, le secteur informel se conforte et se consolide au bénéfice des populations exclues du système économique officiel. Ceci est dû au fait qu'il favorise des ajustements relativement optima de la production à la consommation, permettant ainsi des économies de coûts de production considérables et la stabilisation des prix[10], ce qui a l'avantage d'encourager les petits producteurs, car il leur permet de réaliser des marges bénéficiaires non négligeables.

---

[10] Selon la théorie keynésienne, le revenu global distribué à la suite d'une succession de consommations est un multiple de l'investissement. En d'autres termes, l'investissement est fonction de la demande globale ; la production augmentera tant que cette demande est élevée, ce qui est favorable à la résorption d'emplois.

L'intérêt de cette procédure est de donner confiance aux producteurs quant à la fidélité des consommateurs ; ce qui est encourageant pour les producteurs intervenant sur les marchés informels et pour ceux qui s'apprêtent à y intervenir. Finalement, les coûts de production seront relativement bas sur ce marché rendant les produits accessibles aux personnes à faible pouvoir d'achat, même si, sur le plan de la qualité, les produits du secteur formel peuvent être bien meilleurs.

On peut donc soutenir que le secteur informel national tient son dynamisme aussi bien de ses capacités innovatrices dans le domaine économique que du *mal de structures* institutionnelles et organisationnelles dynamiques dans lequel le pays est plongé. Le recours à certaines pratiques traditionnelles (solidarité dans la production, marketing de proximité) dans les échanges économiques a été une initiative positive notamment pour ces agents, qui considèrent que la recherche du profit maximum n'est pas la finalité universelle de l'échange et qui ne sont qu'insuffisamment satisfaits de la gestion sociale de leur situation. En effet, ces innovations constituent une forme d'*appropriation* du système productif afin de lui donner une légitimité, en ajustant les choix économiques aux besoins exprimés par les populations et aux pouvoirs d'achat correspondant. En conséquence, la création concomitante, par ces acteurs, de *l'efficacité économique* et de *la valeur ajoutée sociale* a permis finalement d'aboutir à une hybridation économique ; ce qui revient à prendre en compte la dimension économique en tant qu'objet (PEPS-Économie, 2011).

Enfin, sous un autre angle, il est soutenable que la dynamique interne du secteur informel national s'explique par son propre mode de fonctionnement. Ce secteur a la particularité d'être totalement ouvert, l'entrée et la sortie y sont libres et sans condition préalable et les technologies des entrants potentiels ne diffèrent que très peu de celles des unités de production déjà installées. D'une certaine façon, la non-réglementation du secteur rend plus aisée l'intervention sur ses différents compartiments, aussi bien en amont qu'en aval. Il suffit de disposer d'une ressource financière, d'un lieu d'établissement, qui peut être la devanture de sa maison ou une place dans un des marchés géographiquement situés, pour entreprendre ses activités. Le niveau moyen des revenus annuels par habitant étant faible, ceci se répercute sur les dotations initialement affectées aux activités du marché et donc sur le niveau des investissements.

En outre, le caractère rudimentaire des investissements physiques (reflet des ressources initiales) et la faiblesse de leur valeur de revente rendent la sortie de ces marchés aussi facile que l'entrée. Ce qui nous conduit à assimiler le marché informel à un *marché* dit *contestable*. En effet, suivant la théorie des marchés contestables, développée pour la première fois par Baumol, Penzar et Willig (1983), la concurrence est gouvernée par les conditions d'entrée et de sortie de l'industrie et non par le nombre d'entreprises, comme c'est le cas dans le modèle Structure-Comportement-Performance. En se basant sur trois hypothèses : (1) *la libre entrée sans barrière*, (2) *l'entrée absolue* c'est-à-dire sans que les firmes installées aient le temps de réagir, et (3) la *parfaite réversibilité de l'entrée*, ces auteurs sont arrivés à la conclusion que tout marché présentant ces caractéristiques est dit *contestable* ou *discutable*. En d'autres termes, en présence d'une opportunité de profit une firme peut entrer sur le marché, la saisir et ressortir ; il s'agit de la stratégie de *Hit and Run* ou de *l'entrée fugitive*.

Ces particularités démarquent les marchés informels de ceux de l'économie officielle. Dans le domaine officiel, au-delà des difficultés d'obtenir un financement, l'accès au marché est soumis à une série de réglementations administratives (procédures d'immatriculation dans les registres du commerce, contraintes fiscales, autres conditions d'exercice du commerce…) et autres barrières construites (corruption, lourdeur administrative…) assez pénibles à gérer, notamment pour des personnes aux surfaces financières et aux capacités cognitives assez limitées. Cette absence de contraintes n'est pas moins déterminante pour expliquer l'intensité des transactions dans les marchés informels, car aucune référence officielle n'est exigée pour intervenir dans un segment quelconque de ces marchés et l'entrée dans un compartiment amène l'opérateur à choisir un des multiples sous-groupes qui le composent. Ces sous-groupes ressemblent à des *clubs* d'amis ou de collègues ayant des affinités ou partageant généralement les mêmes activités. Ils assument un rôle économique notamment en soutenant les membres du groupe en difficulté dans leurs activités. Les soutiens apportés peuvent être des crédits de marchandises, l'orientation de la clientèle, le partage d'informations à caractères économiques, etc. Les soutiens peuvent être aussi de nature sociale. C'est le cas lorsque le *club* se manifeste dans les activités familiales de ses membres : mariages, naissances, décès…

Dans les années qui suivent cependant, il faut s'attendre à de profondes mutations dans le marché informel, notamment avec l'arrivée de nouveaux acteurs plus jeunes, plus habiles et plus familiers aux instruments digitaux. En effet, la diffusion croissante des technologies de l'information et de la communication (TIC) et son appropriation par les acteurs ne manqueront pas d'apporter des changements notables dans les rapports de production entre acteurs du secteur informel et entre acteurs des secteurs formel et informel. Ces changements se porteront également sur les rapports de commercialisation entre producteurs et clients, consommateurs. Les secteurs informels africains se modernisent et prennent part activement à la révolution numérique en cours. Les innovations interviennent à tous les niveaux et pratiquement tous les acteurs semblent prédisposer à s'en approprier : les modes de paiement évoluent avec la diffusion des monnaies électroniques ; les politiques commerciales se muent par la multiplication des politiques de vente en ligne et de livraison à domicile, etc. Ces changements participent à l'amélioration de la productivité dans les systèmes productifs informels et intensifient la compétition dans le secteur ; toutes choses qui suggèrent de la part des administrations publiques de s'adapter pour mieux suivre et intégrer ce secteur dans les circuits formels.

Dans le contexte actuel des économies africaines, les microentreprises se présentent plutôt comme des entreprises de subsistance et de micro-régulation ou régulation d'insertion, car les conditions dans lesquelles elles opèrent et les moyens qu'elles utilisent ne leur permettent que partiellement d'impulser la dynamique voulue. Un apport tant qualitatif que quantitatif en capacité de production et de commercialisation est donc nécessaire au secteur pour lui permettre de dégager des économies d'échelle importantes, et s'assurer contre d'éventuels risques. Aussi, un développement structurel des infrastructures et des relations intersectorielles est-il nécessaire pour des transferts horizontal et vertical optima de connaissances, de ressources et de techniques de production.

6) **Interactions entre activités économiques formelles et activités économiques informelles**

L'existence de l'économie informelle aux côtés de l'économie officielle provoque des discussions dans les milieux de chercheurs, de dirigeants et praticiens. D'aucuns soutiennent que la dualité économique constatée libère un surplus susceptible d'être réinvesti, ou de générer une croissance économique stable tandis que pour d'autres, cette situation engendre un déséquilibre de développement intersectoriel du fait des différences de revenus et de consommations entre les populations de chaque secteur.

Une observation attentive de l'évolution économique de la Guinée montre qu'en réalité ces deux secteurs ne sont pas concurrents dans le sens propre du terme. Ceci se vérifie au niveau de leurs objectifs respectifs, leurs orientations et leurs marchés de prédilection. Par erreur de stratégie, l'économie nationale à variante officielle ressemble plutôt à des activités géographiquement orientées à l'extérieur, aux produits destinés majoritairement aux marchés étrangers alors que la partie de l'économie à variante informelle est orientée vers le marché intérieur et sa production (est) commandée par les besoins de sa clientèle nationale[11].

En effet, le lien entre la consommation et l'investissement au niveau national étant distendu, par l'extraversion de l'économie, on assiste à un scénario où les unités de production informelle produisent sur mesure, avec une qualité de production dépendante de la dextérité du producteur, qui est en même temps vendeur, et de la qualité de la technologie utilisée. Pour ce qui concerne les productions du secteur formel, elles sont faites en séries et vendues à l'étranger ou directement à des grossistes nationaux qui se chargent du ravitaillement des détaillants. Ces deux secteurs sont donc plus *complémentaires* que *concurrents*. Cette complémentarité ne se limite pas

[11] On peut toutefois nuancer ces propos par le fait que les frontières intra-régionales, par exemple de la CEDEAO, enregistrent d'importants flux commerciaux informels pour lesquels les statistiques précises font défaut.

uniquement à la production de biens et services destinés à la consommation, elle s'étend au marché du travail, par l'absorption de la main-d'œuvre non employée par les unités de production formelles. Malgré leur petite taille, il est notoirement connu que les petites entreprises informelles offrent plus d'emplois aux personnes en situation de chômage et donc à la recherche de travail : 59 % des emplois urbains créés, selon l'INS (2020).

Par ailleurs, la complémentarité qui caractérise les rapports entre les secteurs formels et informels en Guinée est matérialisée par une forte interactivité aussi bien en amont qu'en aval. En effet, les acteurs économiques du secteur informel ont souvent recours, pour entreprendre leurs activités productives, aux intrants d'origine extérieure à l'économie informelle. Ces intrants peuvent être, à titre illustratif, de l'électricité, des fils pour l'artisanat, des engrais chimiques pour le secteur agricole, des colorants pour la teinture, des produits directement commercialisables, des pièces de rechange pour moteurs. Toutefois, plus les intrants utilisés sont d'origine étrangère au secteur, plus les coûts de production sont élevés et par conséquent plus les bénéfices bruts dégagés sont faibles. Les biens et services produits en aval sont parfois destinés à des marchés autres que ceux de l'économie informelle. C'est l'exemple des menuisiers fabricant des mobiliers de bureau ou destinés à l'aménagement de l'habitat, des pêcheurs artisanaux qui ravitaillent les grands marchés en produits halieutiques, les producteurs de café qui visent les marchés hôteliers locaux et étrangers.

En outre, les entreprises du secteur formel s'approvisionnent aussi assez souvent en biens et services de production auprès du secteur informel. En plus des industries agroalimentaires, qui recourent aux matières premières d'origine informelle, on peut citer entre autres les industries de bois et de transport qui utilisent également des matières premières provenant des marchés informels. Enfin, il y a des unités de production formelles qui confient, pour des raisons de coût, certaines étapes du processus productif à des entreprises informelles.

Finalement, les secteurs informel et formel paraissent moins concurrents, plus complémentaires et plus interdépendants. Cette interdépendance se renforce à mesure que l'environnement productif se dégrade, les coûts de production dans le secteur formel s'alourdissent et l'incertitude augmente. La tendance actuelle à l'intégration du numérique dans les facteurs de production renforce cette complémentarité. Car les entreprises opérant dans le cadre officiel deviennent plus fragiles et moins à même de supporter la concurrence dans leur branche d'activité. À défaut de tenter l'informalité, elles prennent appui sur les entreprises qui y opèrent pour minimiser leurs charges d'exploitation.

Les obstacles auxquels les entreprises du secteur informel national sont confrontées se résument :

- Au problème d'accès au financement : absence de garanties, distance géographique et culturelle des banques et autres établissements financiers, complexité procédurale bancaire, etc. Ceci expliquerait la faiblesse des fonds de roulement des entreprises dans ce secteur et de leur capital productif rudimentaire : c'est le principal obstacle frappant le secteur informel ;
- À La complexité des procédures administratives : charges des commissions à payer, ignorance des démarches à effectuer, corruption, escroquerie et lourdeur bureaucratique sont autant de maux qui sapent le développement des microentreprises. Cette discrimination politico-administrative à l'encontre des microentreprises perturbe l'intégration de ces dernières dans les circuits de production et de distribution officiels et dissuade leur accessibilité aux services publics ;

- À L'absence ou l'insuffisance d'infrastructures collectives : la quasi-absence de l'État dans les zones d'intervention des microentreprises fragilise le développement de ces dernières et inversement cette absence renforce le sentiment d'illégitimité des décisions publiques auprès de micro-entrepreneurs. Si l'État se manifeste, c'est pour insister sur la légalisation des unités de production et/ou les enjoindre à se soumettre à certains régimes fiscaux (patente, contributions diverses), sans pour autant leur assurer une contrepartie crédible leur permettant de développer leurs activités (accès aux marchés, infrastructures viables) et de renforcer leur résilience.

En somme, il ressort que la taille de l'économie informelle, sa diversité entre les branches d'activités économiques et sa large couverture géographique sont une réalité incontestable. Si un choix démocratique sectoriel était à faire, il basculerait bien en faveur de ce secteur (informel) en défaveur du secteur formel : cela relève d'une vérité sociétale, du degré d'adhésion des populations aux différents secteurs, mais aussi du refus de ce secteur d'entretenir les séquelles de l'économie de comptoir antérieurement évoquée. Mais l'absence relative de structures organisationnelles cohérentes et viables dans le secteur informel et sa sous-performance à affronter la concurrence à une échelle élevée, poussent à la modération. Il paraît toutefois évident que les micros-entrepreneurs du secteur informel prennent part activement à la croissance économique nationale, malgré la faiblesse de leurs moyens de production.

En outre, le dynamisme affiché par ce secteur lui a permis d'allier les exigences de rentabilités aux contraintes sociales, en témoignage de la spécificité psychologique de l'économie locale. L'hybridation économique qui en résulte montre que l'économie peut *bien fonctionner* en harmonie avec les lois sociales.

L'interactivité entre les secteurs formel et informel a été mise en évidence et a révélé qu'à ce stade les deux secteurs ne peuvent être compétitifs, pour des raisons organisationnelles et de moyens de production. En revanche, ils sont bien complémentaires et interdépendants, malgré le poids des contraintes supportées par les agents opérant dans les circuits informels. On comprend donc l'importance du cadre environnemental global et de la vision du développement en expérimentation pour la réalisation des aspirations des populations.

III

Le chemin de développement et ses embuches

Autant les aspirations des peuples diffèrent, d'un pays à l'autre, d'un continent à l'autre, autant leurs attentes par rapport au développement le sont. Certes, fondamentalement sur de nombreux aspects, on peut retrouver des points de convergence (éducation, santé, essor économique…) ; toutefois, chacun de ces peuples souhaiterait clairement voir ces points de convenance en harmonie avec ses valeurs sociétales. Ce qui conduit à soutenir que le développement ne saurait être réduit à une simple imitation de ce qui se fait ailleurs, pour être reproduit chez soi. Le développement ne se placarde pas. Au contraire, c'est un ensemble d'actions concourant à opérer des changements durables dans un pays, en respectant l'environnement et améliorant positivement le bien-être de ses populations selon leurs propres aspirations. C'est à ce niveau que les expériences apprises ailleurs peuvent servir pour une transformation structurelle de son cadre de vie.

De nos jours, le concept de développement est devenu un terme plus à la mode qu'un objectif à atteindre alors que ses véritables acteurs passent pour des objets du développement au lieu d'en être de véritables acteurs. Il se construit évolutivement dans des débats, dans les conférences et autres déclarations politiques. Il est aussi un langage favori de la diplomatie et de la coopération internationale.

La littérature économique sur le développement renseigne suffisamment sur des termes tels que : *pays du tiers-monde versus pays non-alignés, pays sous-développés versus pays développés, pays agricoles versus pays industrialisés, pays pauvres versus pays riches, Indices de Développement Humain, Objectifs du Millénaire pour le Développement (OMD) et maintenant Objectifs de Développement Durable (ODD).*

Pourtant, de cette conception d'en haut aux réalités sur le terrain, il y a bien des écarts. Pour illustration, de nombreuses initiatives de développement sont conçues et mises en œuvre sans inclure effectivement les véritables acteurs concernés. Leurs avis comptent peu. Le plus souvent, l'utilité de ces populations n'apparaît qu'au moment de consommer ces réalisations. C'est ainsi que les centres de santé, les écoles et autres projets à usages publics, susceptibles d'impacter les conditions de vie des populations locales, sont conçus dans les bureaux, leurs plans de réalisation définis et leurs constructions effectuées, parfois par des ouvriers venus d'ailleurs que dans la contrée de leur implantation.

In fine, ce qu'on attend des bénéficiaires est d'être présents au lancement et à la réception de ces ouvrages, pour manifester leur joie et remercier l'autorité initiatrice, sous orchestre de la presse. Quant à l'idée de savoir comment et jusqu'à quel niveau cette réalisation peut impacter les dynamiques socioéconomiques et institutionnelles locales, aucun modèle économique n'a été élaboré à cet effet et soumis à leur appréciation. Les populations sont dans ce cas « objets » des projets de développement du Gouvernement et/ou des partenaires au développement au lieu d'en être véritablement des « actrices » (Marchesin, 2004).

Comment croire dans ce cas en la sincérité de ces actions et en leur pertinence à répondre de façon optimale et durable aux problèmes auxquels les populations locales sont confrontées ? Comment sait-on en ce moment précis que cet ouvrage que l'on inaugure est celui dont ces populations désirent par ordre de priorité des besoins ?

La vision d'en haut promue jusqu'à date par les politiques publiques trouve ses limites dans les résultats produits et dans les perceptions par les collectivités des initiatives gouvernementales et/ou des partenaires au développement. Poser les premières pierres ou rendre opérationnels des ouvrages et autres infrastructures ne suffisent pas pour en assurer un usage durable, encore moins pour répondre aux aspirations des populations, d'autant plus qu'elles n'ont pas été questionnées sur leurs besoins.

Le plus souvent d'ailleurs, contrairement à ce que cela laisse paraître, les mobilisations populaires lors des visites d'officiels dans des localités sont aussi des moments de liesse pour souhaiter la bienvenue à ces étrangers dans la région. Cela s'inscrit fondamentalement dans les traditions des terroirs en Afrique et dans les valeurs des communautés de considérer l'étranger comme « un roi » pendant son séjour. Il est tout aussi défendable de soutenir que la présence massive des populations à ces rencontres se justifie par l'inhabituelle présence d'étrangers en si grand nombre avec tous leurs dispositifs de transport dans la zone, suscitant de la curiosité chez les habitants.

Les politiques publiques n'ont de sens et de pertinence que lorsqu'elles sont destinées à asseoir les bases d'un progrès économique et social durable qui prend en compte l'ensemble des besoins et facteurs de fragilité. Leur pertinence, leur portée et leur durabilité dépendent particulièrement de la qualité des institutions qui les portent, lesquelles doivent jouir d'une meilleure stabilité pour planifier de façon sereine, sincère et optimale le développement.

L'impact positif de ces politiques publiques en termes de développement dépend par ailleurs de l'horizon qu'elles se fixent comme cible et de la façon dont le pays met en place sa politique d'exploitation des ressources naturelles en parfaite harmonie avec la nature. L'intégration des activités des acteurs internationaux à celles des acteurs locaux opérant dans une même zone et le renforcement de leurs liens concourent généralement au dynamisme de l'activité économique dans sa globalité et favorisent la participation inclusive des populations au développement de leur pays.

Il apparaît évident que les voies conduisant au développement vont au-delà du simple progrès économique. Elles incluent également les progrès sociaux et culturels. L'Afrique doit investir dans la transformation structurelle de son économie et dans le partage efficient des fruits de ces progrès à sa population. Pour ce faire, les politiques publiques doivent être mises à profit pour pallier l'insuffisance en infrastructures, renforcer la qualité des ressources humaines, promouvoir la bonne gouvernance, améliorer l'environnement des affaires et invertir dans la stabilité sociopolitique.

1) L'Afrique doit choisir son chemin pour se développer

La Corée du Sud et Taiwan ont rêvé du développement, ils y sont parvenus en encourageant le libéralisme étatique tandis que la Chine et l'Inde rêvant du même développement recourent à un système de planification centrale marqué par une forte présence de l'État dans l'économie. Et les uns et les autres, tous ont fait des choix qu'ils assument, en corrigeant avec le temps les éventuelles défaillances de leurs marchés respectifs ou de l'État, avec des frontières relativement floues à identifier par moment de crises. Ceci explique pourquoi d'ailleurs beaucoup de pays mixent de plus en plus les deux approches dépendamment des circonstances, des chocs et des sensibilités politiques. Pour s'en convaincre, il suffit d'observer les comportements des gouvernements de pays occidentaux en réaction aux conséquences de la crise sanitaire de la pandémie de Coronavirus. Les gouvernements les plus libéraux sont ceux qui s'engagent dans des plans de relance les plus inimaginables (États-Unis : plus de 1 trillion USD des ressources programmées pour relancer l'économie ; Angleterre, les taux d'intérêt remmenés à 0,1 % et plus de 200 billions £).

Cela veut tout simplement dire qu'au-delà des idéologies économiques, les politiques publiques sont avant tout une question de choix assumés ; *c'est le terrain qui commande la manœuvre,* comme le diraient les militaires. D'ailleurs, l'histoire économique de la Corée du Sud nous apprend les apports des conglomérats ou Chaebols, à l'émergence du pays classé aujourd'hui parmi les pays développés. Ces *Chaebols* sont caractérisés par une forte collusion entre les entreprises, le gouvernement et le système bancaire. Les groupes Hyundai et Daewoo sont justement des fruits de ce soutien étatique dans l'industrialisation de ce pays.

Les divers et variés rêves nationaux évoqués ci-dessus ne sont en effet qu'une forme concaténée des rêves individuels. En d'autres termes, nos rêves prennent une dimension nationale parce que résultant de l'homogénéisation de nos options individuelles, du sentiment identitaire commun et de la convergence de nos aspirations individuelles. Quant à l'État, il devient cette entité juridique ou organisation politique en charge de conduire la destinée de la nation.

Ce qui est en cause devient dès lors clair. Il s'agit en effet de l'État et de son fonctionnement en tant qu'initiateur et vecteur du développement. Il nous parait de plus en plus évident que de la manière dont cette entité fonctionne, dépend de la pertinence des initiatives et autres actions menant au développement. Et cela conditionne naturellement la balance entre les effectifs d'afro-pessimistes et d'afro-optimistes.

Un État qui s'assume, matérialise le rêve de son peuple à travers un programme ambitieux, réaliste et cohérent. Ainsi, il devient viable et résilient. Tandis qu'un État, qui imite ou implémente les rêves d'autrui, est toujours en porte-à-faux avec lui-même, avec ses populations et finalement vit une situation de fragilité structurelle engendrant une dépendance autoentretenue de l'aide voire de l'insécurité. Cet État perd avec le temps sa légitimité juridique ainsi que la confiance politique portée en lui par les individus ou groupes d'individus constitués en Nation.

Notre raisonnement porte sans équivoque sur la déliquescence de l'État, cette entité se sentant dans l'incapacité d'accomplir la mission à lui assigner par les populations et qui bascule dans l'injustice qu'il érige en mode opératoire en se dotant d'institutions archaïques de faibles qualités et très peu résilientes. Son autoritarisme passe le plus souvent pour un *cache-faiblesse*, ses animateurs, dirigeants prodigues, qui ne doivent leur légitimité que par la vente d'illusions aux populations sur fond d'interdépendance et de relations corruptives savamment tissées et entretenues, se distinguant par le mépris ou peut-être même par l'ignorance des règles de base fondant pourtant le contrat social liant tout État aux populations qu'il est sensé servir.

On se trouve clairement en situation où la légitimité de l'État est questionnée, parce que les populations ne se retrouvant point dans les actions publiques. Dans une telle circonstance, les faits et gestions des décideurs publics, ainsi que les orientations prises par l'État ne sont pas en synchronisation avec les rêves, aspirations et réalités des populations de voir s'améliorer leurs conditions de vie.

En réalité, les populations dans nombre de pays africains ont l'impression que les biens publics et les richesses générées dans leur propre pays, qui leur appartiennent de surcroit, leur sont inaccessibles. Pourtant, les mandataires du service public, les dirigeants qu'ils ont eux-mêmes choisis ou qui s'y sont autoproclamés aptes à conduire la destinée de leur pays, recourent systématiquement aux moyens de communication habituels pour revendiquer les résultats obtenus, particulièrement dans les secteurs de l'économie et des infrastructures. En observant les actions et autres comportements des pouvoirs publics, on a l'impression que les performances économiques sont prioritairement recherchées pour gagner la crédibilité extérieure, notamment celle des partenaires bi et multilatéraux et des investisseurs privés étrangers.

Comme nous l'avons précisé antérieurement, tout doit être fait pour renvoyer cette image d'une économie prometteuse et émergente, avec des indicateurs économiques tous au vert. Ces indicateurs de performances économique et financière suffisent ainsi pour juger de la bonne santé d'une économie et, d'une certaine façon, du système de gouvernance associé.

Accordons-nous sur le fait qu'il faut bien des critères pour évaluer la performance d'une économie à un moment donné. Pour ce faire, les critères retenus se doivent d'être pertinents et tenir compte, surtout, des effets induits notamment sur les populations par les politiques économiques appliquées au cours de la période considérée. C'est d'ailleurs pour cette raison que Nubukpo (2019), dans son livre sur *L'Urgence africaine* appelle au changement de modèle de développement pour accroitre davantage les fruits de la croissance chez les populations africaines, aussi bien en termes d'emplois créés que de revenus distribués.

Dans un pays comme la Guinée, les dix-sept sociétés minières en exploitation ne créent pas plus de 60 mille emplois ; tandis qu'elles participent pour environ 50 % des richesses annuelles créées. Étant donné que la part des richesses produites par les sociétés minières, propriétaires des capitaux, est exportée, sauf s'il y a une décision de réinvestissement d'une partie des bénéfices — ce qui n'est pas courant — il va sans dire que le reste de la population se partage moins de la moitié des richesses produites par le système économique national. De plus, considérant le poids du secteur informel dans l'économie, estimé à près de 70 % selon l'Institut National de la Statistique (INS), le niveau de l'inflation (autour de 9 % sur les cinq dernières années), les insuffisances liées à la gouvernance des finances publiques et l'importance des dépenses administratives (non productives) ainsi que les effets produits par la corruption, on en déduit qu'il ne reste quasiment rien pour les populations.

Cette situation se reproduit année après année sans satisfaire aux demandes croissantes et complexes des populations. Les populations sont exclues des chaines de production parce que la contribution du travail à cette production va en décroissant et les secteurs employant massivement la main-d'œuvre, comme l'agriculture, l'élevage ou la pêche, ne sont pas rationnellement connectés aux autres secteurs dits créateurs de richesses.

Les richesses créées présentent de ce fait des vices de qualité. Elles ne sont pas inclusives et engendrent de surcroit un risque inflationniste considérable. Quant aux politiques publiques, plus tôt que de s'ériger en vecteurs correcteurs de ces anomalies, elles font preuve de laxisme.

En Guinée, il y a une phrase pleine d'enseignement qui revient souvent dans les échanges lorsque l'on parle des performances économiques nationales : *la croissance ne se mange pas*. C'est en fait, une façon de dire que les ménages ne sont pas impactés par les effets des croissances économiques revendiquées par les autorités. Il s'agit d'une forme de croissance économique non-créatrice d'emplois (ou très peu de bons emplois) et qui est engendrée par des acteurs fortement capitalistiques.

Ce semblant de modèle de développement que l'on retrouve dans pratiquement tous les pays de l'Afrique subsaharienne aujourd'hui ne suscite malheureusement pas (ou suscite très peu) d'espoir pour des millions de jeunes Africains qui forment 65 % de la population de la région. La plupart n'en attendent plus grand-chose ; la déception et le sentiment d'abandon gagnent du terrain avec tous les risques que ceux-là peuvent engendrer. Pour s'en convaincre, il suffit d'observer cet afflux inouï et très gênant de jeunes enfants, hommes et femmes vers l'Europe, bravant tous les dangers au prix ultime de leur vie. Bien d'autres preuves de l'abandon de la jeunesse africaine par ses gouvernants sont palpables ; c'est le cas par exemple, comme mentionné précédemment, de la déconnexion entre les forts taux de croissance brandis par les Gouvernements et les effets produits sur les populations en termes de niveaux de vie.

Dans la plupart des pays de l'Afrique subsaharienne, alors que les taux de croissance annoncés avec fastes et autocongratulations sont au plus haut, les populations, les plus jeunes en général, vivent dans des conditions difficiles, voire misérables. Les très élevés taux de chômage combinés à l'affaiblissement des pouvoirs d'achat ainsi que les tentations des jeunes à s'enrôler dans les milices et autres mouvements intégristes moyennant des sommes forfaitaires sont également des évidences complémentaires de l'échec du modèle de développement observé dans le continent et dénoncé par les sociétés civiles africaines.

On peut donc conclure que les performances affichées par les économies africaines, symbolisées par ces indicateurs, servent plus pour la communication que d'apports véritables en termes d'enrichissement des populations. Quant aux déséquilibres économiques structurels, ils demeurent entiers ; avec cette dynamique croissance démographique, ils contribuent à l'accroissement du nombre de jeunes chômeurs et sous-employés année après année, et des contingents de candidats à la migration ou à l'extrémisme violent.

Le plébiscite par les politiques des niveaux de croissance économique élevés ne semble de toute évidence pas avoir sensiblement affecté les niveaux de vie individuels des ménages qui, au contraire, pour la plupart se dégradent. La santé et l'éducation leur sont de moins en moins accessibles (Doumbouya, 2007), soit par manque de personnels soignants, soit par manque d'infrastructures, soit pour causes de distance en vue d'accéder à ces services et/ou de coûts.

Les zones de production utilisant massivement de la main-d'œuvre, notamment dans le secteur rural, ne sont que faiblement connectées aux marchés formés autour des sociétés minières et entretenus par les pouvoirs d'achat élevés des travailleurs miniers. Ces marchés sont factuellement réservés à quelques fournisseurs (désignés, privilégiés et autres) qui ne s'approvisionnent pas non plus au niveau local, alors que les possibilités de production de ces mêmes produits sur place sont réelles. Il est fréquent de trouver dans ces marchés des produits alimentaires aussi basiques que l'eau, la tomate, le riz ou encore les carottes importés de plusieurs milliers de kilomètres des côtes africaines. C'est ce qui vaut à ces économies, l'appellation d'économies extraverties (Hugon, 2013).

2) Importance de la décentralisation des politiques publiques en environnement incertain

La volatilité continue de l'économie mondiale met en danger les progrès enregistrés dans les pays en développement. Elle essouffle de nombreuses économies africaines et les rend plus vulnérables aux chocs exogènes et naturels à la fois. Cette vulnérabilité aux chocs impacte directement sur la satisfaction des besoins des ménages et la fourniture des services sociaux de base dont l'éducation, la santé, l'eau potable, la nourriture, ainsi que sur l'accès l'emploi. Plus globalement, la productivité des facteurs en est affectée et par conséquent la production nationale en ressent les effets.

Face à cette situation économique poussive, seules des politiques publiques pertinentes, inclusives et raisonnablement conduites peuvent juguler les conséquences de ces chocs sur les populations et favoriser un renforcement résilient des Institutions économiques. Or, la plupart des politiques publiques qui sont mises en œuvre dans la région africaine sont soit inadaptées, soit insignifiantes pour y apporter les changements structurels tant attendus, essentiels à la croissance, à la diversification des économies et à l'essor d'autres activités productives hors exploitations de matières premières dans lesquelles elles se sont spécialisées.

Ceci nous ramène à la problématique des capabilités fondamentales développée dans les chapitres antérieurs. En effet, plus les politiques de lutte contre la pauvreté et de création de meilleures opportunités socioéconomiques pour les populations sont menées avec rigueur, courage et détermination, autant la qualité de la gouvernance et la performance des Institutions s'améliorent dans le temps. En poursuivant notre analyse, on arrive à la conclusion que la qualification de la gouvernance et des Institutions dépend aussi de la capacité des ressources humaines mobilisées pour le développement.

La multiplication des zones de tensions sociales, notamment les replis communautaires, les conflits sociaux et les extrémismes culturels, érode la volonté du vivre ensemble et gangrène les espaces politiques qui deviennent rigides et sèment jour après jour des épisodes de grandes incertitudes. Quant aux bras de fer récurrents et interminables entre politiques, ils portent moins sur des questions aussi existentielles que l'appropriation sociétale de la démocratie, la gestion des biens communs, la gouvernance, la Justice ou l'emploi. Tout se passe comme si l'égocentrisme politique primait sur tous les autres problèmes auxquels les sociétés sont confrontées. Curieusement, même les sociétés civiles, censées faire preuve de neutralité pour jouer les arbitres sont de plus en plus inféodées aux mouvements politiques, contribuant ainsi à la montée des incertitudes.

La plupart des pays africains subsahariens ont de sérieux problèmes dans leur approche en matière de politiques publiques et en termes de perspectives de développement. Et les acteurs politiques, vu ce qu'ils proposent à leurs électeurs, semblent impuissants pour y remédier. Au contraire, ils excellent dans des rebours politiques et sociaux qui fécondent des contre-performances économiques produisant et/ou entretenant à leur tour des situations de précarité aggravée.

Notre propos n'est point ici d'établir le sens de causalité entre incertitudes et tendances économiques, mais plutôt de montrer que dans un pays donné, lorsque les perspectives sociales, politiques et culturelles dépassent certains seuils de divergence au point d'hypothéquer toute projection dans le futur, cela pèse négativement sur les activités économiques. En effet, plus l'incertitude est forte, plus les intentions d'investissement des entreprises sont différées ou transférées ailleurs, particulièrement lorsque cette incertitude est l'œuvre des pouvoirs publics et des influenceurs sociopolitiques. L'incertitude semble donc être une des causes majeures des performances volatiles en matière de transformations structurelles et socio-économiques des pays africains subsahariens.

Décentralisation des décisions publiques et leurs bénéfices

La lenteur des progrès économique, social et culturel dans les pays d'Afrique subsaharienne est aussi à associer à une asymétrie des bénéfices du développement entre territoires. En effet, dans un contexte où la qualité des institutions fait défaut et où les capacités du capital humain décidant des politiques publiques sont faibles, les populations au niveau local sont moins impactées par les programmes de développement. Elles sont victimes des effets néfastes de la *corruption compétitive* qui gangrène l'appareil administratif. Cela se ressent dans les résultats d'enquêtes de pauvreté qui révèlent une plus forte prévalence de pauvreté en zone rurale comparativement aux zones urbaines.

En Guinée, une note d'analyse monétaire et non-monétaire de la pauvreté urbaine estime à 22,4 % l'incidence de pauvreté en zones urbaines contre 55,4 % en zones rurales. Pourtant, il n'y a dans ce pays qu'un seul gouvernement, une seule stratégie de développement et une seule administration pour la conduire indistinctement.

Comment expliquer ces écarts d'effets d'impact des politiques publiques dans les deux zones, particulièrement quand on réalise que les zones rurales abritent 65,2 % de la population totale du pays (INS 2019). Une réponse possible, et non des moindres, à cette question est la distance qui sépare ces zones rurales des centres de décisions, matérialisée par l'insuffisance voire l'absence par endroits, de services publics de proximité. Dans des endroits où ces services sont fournis, ils ne sont pas de bonnes qualités comparativement à ceux fournis dans les centres urbains. La raison se trouve, comme nous l'avons précédemment démontré dans la faible capacité des ressources humaines déployées dans ces zones et dans la défaillance des Institutions censées relayer les décisions de politiques publiques vers ces zones.

Ce qui est en cause ici, c'est la centralisation couteuse et déraisonnable des lieux de décision, qui est défavorable à certaines régions et engendre des niveaux de développement différenciés dans un même pays. Il est évident que le gouvernement central peine à assurer l'équité entre les personnes et entre les territoires d'un même pays. À cela s'ajoute le fait que les structures de relai des services publics sont en même temps de faible qualité et distantes des populations. La redistribution ne se fait plus correctement, car les Collectivités territoriales ont reçu des parts de responsabilités politiques sans les responsabilités financières conséquentes y associées.

Les administrations publiques africaines n'ont pas l'habitude de procéder à des évaluations d'impact de politiques publiques. Pourtant, cette bonne pratique de gouvernance aurait permis de corriger de nombreuses décisions administratives inefficaces et inefficientes, mais aussi d'accroitre les effets d'impact de plusieurs projets de développement.

N'est-ce pas une forme d'arrogance de la part de nos intellectuels de prétendre apporter à partir de leurs bureaux, des changements dans les conditions de vie des populations, sans impliquer ces dernières et encore moins leur permettre d'exprimer leur préférence sur les programmes proposés. Pourtant, dans un régime démocratique fonctionnant correctement, un décideur politique ne doit sa place qu'à l'approbation des électeurs. Il est donc incompréhensible qu'il rechigne à tenir compte de leurs avis sur des projets qui les concernent directement.

Il est admis que la centralisation des services administratifs éloigne les administrations des administrés, affectant ainsi leur qualité du point de vue redistribution économique et efficacité. En effet, plus les niveaux de décision des services publics sont élevés, plus les chances que ceux-ci satisfont aux demandes de services locaux sont faibles. Les exemples des écoles où les enseignants s'absentent sans contrôle dans les contrées lointaines de la Guinée en sont des preuves. Cette illustration peut aussi s'étendre aux centres de santé construits par l'État pour rapprocher le service public des usagers dont les postes de travail sont meublés, mais qui sont désertés par ses travailleurs, quand bien même régulièrement payés.

Le rapport entre la décentralisation et la centralisation des pouvoirs est analysé à ce stade suivant l'optique de l'efficacité des services et de la stabilité macroéconomique. Nous partons de l'hypothèse selon laquelle un régime démocratique fondé sur la représentativité, le pluralisme politique et une saine compétition, garantit la participation des collectivités dans les prises de décision et suscite leur intérêt dans le contrôle de conformité des actes posés et autres décisions prises en leur nom et en leur faveur.

Dans un tel contexte, lorsque les voies de transmission des politiques publiques sont essoufflées et l'administration centrale prêche par inefficacité à fournir des services publics locaux de bonne facture, la décentralisation s'impose comme une option de choix pour un développement harmonisé des territoires. Derrière l'idée de partage du pouvoir entre administration centrale et locale se trouve sous-jacente la question de partage des bénéfices économiques.

Plusieurs analyses économiques font le lien entre la décentralisation, d'une part, et la qualité et l'efficience des décisions de redistribution d'autre part. Il est évident pour nous que plus un service est proche de ses usagers, plus il est sensible à leurs demandes et plus il est en mesure d'y apporter des réponses satisfaisantes. En d'autres termes, les décisions de dépenses publiques qui produisent les plus grands effets, sont celles qui sont prises par les services publics locaux, car reflétant le mieux normalement leurs besoins.

Partant de ce constat, on peut soutenir que lorsque les citoyens ou usagers de services publics sentent leurs demandes reflétées dans les décisions prioritaires des administrations, leur propension à payer ces services croissent. Finalement, la mise à contribution des administrations locales multiplie les bénéfices des progrès socioéconomiques en faveur des populations dépendamment de leur milieu de vie. Ce qui crée de l'émulation et une forme de concurrence entre administrations locales en matière de gouvernance et favorise l'innovation au sein des administrations.

Les administrations des pays en développement se doivent d'être des administrations actives pour pouvoir contribuer efficacement aux transformations structurelles de leurs localités. La décentralisation des lieux de décisions recommandées ci-dessus serait d'autant plus bénéfique que les capacités des administrateurs sont renforcées et les services ont le souci constant de répondre aux demandes raisonnables, multiples et dynamiques des populations.

D'un point de vue social, la décentralisation présente aussi l'avantage de permettre le respect du contrat social liant l'État aux administrés. En effet, en assurant de meilleures conditions de sécurité (physique, économique, juridique et sociale) aux populations, celles-ci adopteront désormais à leur tour de meilleures postures envers l'État et les délégataires du service public. La plupart des comportements de défiance de l'autorité de l'État s'estomperont sous l'exigence du respect de la justice et de l'application indistincte et désintéressée de la loi. C'est la base de la construction d'une Nation avec des populations éprises d'esprit civique et prêtes à prendre part activement, main dans la main, aux changements collectivement voulus.

L'importance de cette démarche est de permettre aux populations, quelles qu'elles soient et où qu'elles se trouvent, de prendre part activement à la conduite des changements intervenant sur leur territoire, plutôt que de la subir. De cette façon, les populations s'assureront que les actes posés dans le processus de développement correspondent à la planification stratégique nationale et sont effectivement destinés à satisfaire leurs aspirations.

Dans le processus de développement par ailleurs, il faut toujours garder à l'esprit que le peuple reste l'employeur souverain. Par conséquent, revenir à ce peuple pour demander conseil, avis et approbation est mieux que d'avancer sans son consentement ou son accompagnement. N'est-ce pas une façon efficace de prévenir les chocs évoqués ci-dessus ou de gérer correctement leurs effets par le partage des pouvoirs de décision ?

Un développement inclusif et harmonieux exige de trouver tous les moyens de communication efficaces possibles pour entrer en contact avec les populations. Cette communication se doit d'être adaptée, accessible et de bonne source, gage de transparence, pour favoriser une meilleure interaction entre acteurs de manière efficace et efficiente dans la fourniture du service public. Ces préalables constituent un véritable rempart contre d'éventuels dérapages, des dilapidations de fonds publics et leur utilisation déraisonnable. Ils constituent aussi une approche relativement sûre pour estimer les progrès socioéconomiques réalisés afin de mieux planifier le futur, car, à travers des mécanismes de suivi/évaluation dont ils facilitent la mise en place, les effets d'impact des actions publiques ne seront que plus faciles à retracer et à apprécier.

3) **Institutions publiques et irréversibilité du processus de développement**

La vitalité des institutions pour l'essor économique n'est plus à démontrer, Edison (2003). De nombreuses études démontrent en effet l'importance de la qualité des Institutions sur le développement ou plus précisément la contribution de la gouvernance des institutions ou l'application de méthodes saines de gestion dans le public (processus, normes, politiques, règlements, éthiques) sur les progrès socioéconomiques et politiques réalisés dans les États.

En d'autres termes, la problématique de *bonne gouvernance* se conçoit aujourd'hui par la prise en compte de comportements politiques dans le développement. C'est pour cette raison d'ailleurs que les réformes économiques dans leur globalité intègrent les changements institutionnels comme conditions *sine qua non* à l'atteinte des objectifs ciblés.

Le développement est un processus de long terme ; par conséquent la stratégie devant conduire à cet objectif ne saurait s'appuyer sur des Institutions apparentes ou inadaptées. En effet, les Institutions de faibles capacités grèvent davantage les coûts du développement, dans le sens où elles enferment l'État dans un processus décisionnel improvisé, couteux et de court voire très court terme. Dans un tel contexte, l'État ne peut se doter d'une stratégie de développement résiliente et réaliste ; et même s'il arrive à le faire, les décideurs publics auront des difficultés à s'y conformer faute de discipline. Il va sans dire que cette situation de sclérose institutionnelle engendre et alimente l'incertitude et l'immobilisme des acteurs.

L'importance de la qualité des institutions pour le progrès économique avait déjà été évoquée dans la littérature économique. Les notions d'incomplétude du marché (Arrow), de coûts de transaction (Coase et Williamson) ou encore de rationalités limitées (Simon) traitent des effets induits des institutions sur les résultats attendus. Autrement dit, les dysfonctionnements des Institutions ou leur mauvaise gouvernance s'érigent en obstacles à l'efficacité et à l'efficience des acteurs économiques. Par conséquent, lutter contre ces nuisances institutionnelles ou en maîtriser les effets permettrait une meilleure visibilité économique et favoriserait la mobilité des acteurs, l'éclosion et le développement des initiatives. C'est en comprenant cela, et tirant les leçons des échecs des programmes d'ajustement structurel, que les partenaires au développement, la Banque mondiale notamment, ont revu leur définition du développement, qui associe désormais les progrès économiques au renforcement des capacités et à la réforme des Institutions.

Cette démarche se justifie par le souci de lever tous les obstacles et autres entraves, construits ou non, préjudiciables à l'accroissement de la production et à l'amélioration de la productivité des facteurs.

L'endogénéisation des institutions comme facteur de développement dès le début de la décennie 1990 se justifie donc par le souci de favoriser des changements positifs dans la dynamique démographique et dans l'accumulation de connaissances. De nos jours, pratiquement tous les programmes de développement et autres mécanismes d'accompagnement techniques et financiers souscrits avec les partenaires au développement intègrent le volet « gouvernance » comme objectif à atteindre pour réduire l'incertitude et minimiser le risque d'imprévisibilité de l'environnement.

Une autre raison justifiant cette approche est celle de minimiser les risques de modification délibérée des incitations environnementales. Son inconvénient réside cependant dans le fait que ces objectifs de réformes institutionnelles ou de gouvernance sont mis au même niveau que les objectifs de développement économique. En d'autres termes, la gouvernance est moins un instrument susceptible d'être mobilisé à des fins de développement qu'une finalité. C'est pourquoi, on assiste parfois à des transpositions de réformes institutionnelles d'un pays à l'autre, sans tenir compte des spécificités locales. À ce propos, North (2005) déconseille toute importation aventureuse des Institutions occidentales (tels les droits de propriété ou des systèmes judiciaires) vers les pays en développement. Il recommande de se garder de « l'imitation servile des institutions occidentales » et de favoriser les structures incitatives, seules à même d'accroître la productivité et de faire fonctionner au mieux les mécanismes économiques.

Cette reconsidération de la dimension institutionnelle dans l'essor économique et social fait de la *gouvernance* moins une finalité qu'un facteur de développement à part entière. Évidemment cela bouscule la croyance répandue, négligeant le comportement de l'État dans le processus de développement. De nombreux partenaires continuent de croire, à tort sans doute, qu'ils peuvent décliner leurs programmes ou contribuer à l'essor économique et social sans une contribution effective et active de l'État. Ils n'hésitent pas pour ce faire à passer notamment par les Organisations non-gouvernementales, par des acteurs de la société civile de façon générale ou encore par des unités de gestion qu'ils créent et enkystent dans l'administration publique pour exécuter leurs programmes dans les délais qu'ils se sont fixés. C'est probablement pour eux une façon de solutionner ce que nous avons qualifié antérieurement de problème de capabilité fondamentale (qualité de la gouvernance et qualité des Institutions).

Cependant, dans cette approche, la question d'irréversibilité des actions de développement est moins considérée que la volonté d'exécuter le projet. Il n'est donc pas étonnant que les effets d'impact de ces projets ne soient pas plus importants ni durables tandis que l'absence d'un modèle économique intégrant suffisamment ces projets dans la dynamique économique et social d'ensemble fait défaut.

Pourtant, « L'État, avant d'être souverain, est responsable, et cette responsabilité ne désigne pas seulement son espace de souveraineté, mais la communauté humaine tout entière, égale et fortement interdépendante devant les dangers écologiques, les incertitudes du développement, les tribulations de l'économie mondiale, les disparités démographiques… », Badie (1998, cité par Marchesin, 2004).

Dans les faits, ce qui caractérise ces initiatives, somme-toute bonnes, c'est l'intégration insuffisante du facteur de capacités fondamentales de façon durable à la fois dans la conception et la conduite des projets. Il faut garder à l'esprit que, *in fine*, c'est l'État qui définit et conduit la politique économique et par conséquent, de la qualité de ses décisions dépendent la capacité de production nationale, l'amélioration du bien-être des populations, mais également du bon fonctionnement de toutes les autres Institutions comme les marchés, les projets financés par les partenaires, le secteur privé, etc. Négliger cet aspect, revient à courir le risque d'amenuiser les effets d'impact des projets ainsi que leur durée de vie. C'est aussi perdre le pari d'insérer ces projets dans une dynamique économique et sociale d'ensemble ; ce qui est en soi un échec.

Aller vers le développement est à la fois un choix et une volonté souveraine. Une fois la décision librement prise et les choix définis de façon concertée, il faut se donner les moyens conséquents pour atteindre l'objectif. Un proverbe soussou (Guinée) nous apprend que « lorsqu'un vieillard décide de mettre le feu à sa barbe, il ne faut pas l'en empêcher, il sait comment l'éteindre ». Plus explicitement, lorsqu'une vision du développement est claire, l'étape suivante est de trouver la bonne stratégie et le bon plan d'action pour y arriver. Par la suite, vient le choix des instruments :

- Le type de gouvernance que l'on retient : le mode de gestion ; la qualité et la pertinence des politiques publiques mises en place ; la cohérence des choix stratégiques avec les aspirations des populations ; le mode de décision retenu ; la disponibilité et les capacités des facteurs ; le cadre d'échange et de partage d'information mis en place, etc.
- Les Institutions retenues pour la conduite du processus de développement : la probabilité de leur stabilité et de leur résilience ; leur capacité à conforter la justice judiciaire, économique et sociale ; leur degré d'inclusivité, etc.

Aujourd'hui plus qu'hier, l'État est incontournable dans le dynamisme de développement des pays africains, pour mettre en synergie les efforts des différents acteurs et coordonner leurs actions. Pour lui permettre d'assumer pleinement son rôle, il faut, se garder de le réduire en une entité privée, l'isoler et/ou neutraliser ses initiatives. Autrement, on court le risque de créer une incompréhension entre l'État et les citoyens désormais atomisés, exigeants et aux besoins multiples, divers et complexes.

L'enjeu est de veiller à ce que les populations n'aient pas l'impression d'être dépourvues de structures reflétant leurs vies de tous les jours et qui ne soient pas désadaptées dans les affaires des communautés. Un État se doit d'incarner les valeurs communes à une Nation, de servir de pôle d'intérêts pour ses concitoyens et de travailler pour satisfaire à leurs aspirations. Ce qui fait appel à de la responsabilité et à une redéfinition périodique des fonctions.

Edgar et al. (2006) disent à ce propos que « La gouvernance, c'est plus qu'un gouvernement, plus qu'une administration publique, plus qu'un modèle ou qu'une structure de gouvernement ». Ainsi, l'État, à travers lequel la gouvernance s'exprime, doit se doter d'un cadre permettant d'expliquer ses options, même si elles ne font pas l'unanimité, pourvu qu'elles reposent sur des bases justes, vérifiables et indistinctement applicables à tous.

4) **Institutions publiques, Démocratie et Développement**

De la fête de la démocratie, les élections sont devenues des sources de conflits intercommunautaires récurrents où chaque groupe politique, fort du soutien de la communauté à laquelle est issu son principal candidat, rivalise dans l'intimidation, la violence et la désobéissance aux Institutions de la République. Les jeux politiques en Afrique se révèlent de plus en plus pervers voire très dommageables à l'unité nationale et au développement. C'est particulièrement le cas lorsque les Institutions étatiques sont sous emprises de personnes peu recommandables pour causes de la corruption et de la mauvaise gouvernance.

Beaucoup d'hommes et femmes politiques en manque d'inspiration et de moyens pour réaliser leurs ambitions, s'appuient sur des influenceurs communautaires auto-désignés, qu'ils soudoient. Le plus souvent, ces derniers sont des leadeurs religieux, des héritiers de « royaumes » disparus ou des hommes et des femmes disposant d'une certaine utilité sociale relativement considérable dans leur communauté. Cette utilité sociale peut-être par exemple une œuvre que l'État aurait dû réaliser s'il fonctionnait correctement, mais qui n'a pas été faite quand bien-même elle est essentielle au bien-être des populations. Celle-ci peut être par exemple une salle de classe, un poste de santé, une mosquée, un point d'eau ou un espace de jeu pour les jeunes. Le rôle de ces acteurs est de s'assurer que la communauté garde en mémoire ces contributions dans l'espoir de recevoir l'ascenseur en retour, à la demande.

Là où le système est pervers, c'est que ces représentants communautaires auto-mandatés se sentent légitimes de peser sur le devenir collectif, soit en décidant pour tous, soit en orientant égoïstement les décisions concernant la société en leur faveur. En d'autres termes, ceux-ci se croient « dépositaires légitimes de la décision publique » (Deneault, 2017). Dans un tel contexte, les citoyens qui jouissent des faveurs de ces décisions sont le plus souvent ceux qui sont en partenariat intéressé avec les décideurs et/ou influenceurs. Les bénéfices des avantages de la gouvernance, au lieu d'être un droit légitime pour tout citoyen, s'échangent dès lors injustement entre porteurs d'intérêts de façon inégalitaire.

Les instrumentalisations communautaires par les politiques et autres influenceurs érodent la vie publique et le vivre ensemble en harmonie. Leurs actions nocives obstruent/polluent les espaces communs de dialogues et d'échanges et perturbent le bon exercice de la gouvernance et la stabilisation des Institutions. Elles galvaudent la démocratie naissante et affectent négativement le développement harmonieux des territoires.

En poussant plus loin la réflexion, on peut soutenir qu'elles font de l'État un objet d'égos et d'intérêts personnels à la disposition des politiques qui s'assurent d'avoir de leur côté d'importantes capacités de nuisances, dont des médias versés dans l'alimentaire. Il se développe dès lors une démocratie immobile, dénuée parfois de toute éthique et de toute référence aux véritables aspirations des citoyens, où les parties en face se trouvent d'autres bases de compétition que des programmes de développement. Plus clairement, les problèmes interpersonnels entre politiciens prennent le dessus sur leurs positionnements respectifs sur des grandes questions concernant la Nation, telles que la lutte contre la pauvreté, la préservation de l'environnement, l'emploi jeune, le pouvoir d'achat, les questions du genre ou encore la protection sociale.

La floraison de ces « politiciens-relais » auprès des communautés et l'instrumentalisation intéressée des Institutions publiques dévoient le processus d'intégration de la démocratie en tant que culture. Ainsi, au lieu d'aller vers une « démocratie réelle » avec des régimes « représentatif, pluraliste et compétitif » de nombreux États en Afrique bâtissent des systèmes de « démocraties apparentes » (Merchesin, 2004) ou de « démocraties sans démocrates » (Salamé, 1994). Dans ces régimes en effet, les débats politiques sur les problèmes de société sont rarissimes ; quand ils ont lieu, ils sont plus orientés sur la personne du politicien que véritablement sur son programme ou les valeurs qu'il est censé incarner et vendre aux clients, électeurs.

Cet argument tient sous réserve que ce politicien soit représentatif d'une couche sociale de la population, ce qui n'est pas souvent le cas. En effet, en Guinée par exemple, sur la centaine de partis politiques dûment reconnus, moins de 7 % sont effectivement représentatifs de la population et disposent d'un véritable programme de société. L'écrasante majorité des formations politiques est constituée de « partis influenceurs » à fortes capacités de nuisance. Pour preuve, on ne se rend compte de leur existence qu'en période électorale, pour coaliser avec de grands partis. Quant à leur représentativité, ils la doivent plus à leur capacité de nuisance qu'à toute autre chose. Dans cet élan, les garants du jeu démocratique, les médias, se font également rares ou tout au moins beaucoup d'entre eux sombrent dans la délation, contribuant à l'intimidation et attisant la peur collective dans la cité. Les informations alimentaires polluent de ce fait les débats publics, en l'orientant notamment non pas sur les programmes de développement des partis politiques, mais sur des choses moins essentielles au bien-être collectif. Dès lors, la démocratie telle qu'ils la conçoivent et usent sur le terrain politique, au lieu d'être un facteur de développement, s'érige en ralentisseur des progrès économiques, sociaux et culturels attendus.

À ce propos, le débat sur la contribution effective de la démocratie au développement n'est pas tranché. Certes, les bénéfices d'une démocratie réelle, non apparente, à l'initiative individuelle et par conséquent au libéralisme économique sont connus. Un État dit démocratique est mieux à même d'assurer de la sécurité économique dans un contexte de capitalisme économique à tensions récurrentes. Autrement dit, en faisant de la place au dialogue et aux négociations, un régime démocratique donne de la visibilité aux programmes de développement en place, accroit la garantie de la stabilité des contrats dans le temps, protège les investisseurs et leurs biens. Ce qui est favorable à l'investissement et par conséquent à la production et à la productivité.

L'économie de marché trouve son dynamisme dans un environnement démocratique apaisé, avec l'État comme garant de la justice économique, sociale et culturelle, ainsi que de la bonne gouvernance. Un régime démocratique soutient une meilleure diffusion du savoir et une transformation optimale des comportements. Par exemple, dans le domaine de la santé (attitudes à adopter face à des pandémies, éducations familiales…) ; dans le domaine agricole (utilisation optimale des intrants, l'adaptabilité des sols aux cultures, les relations producteurs-marchands…) ;

ou dans l'utilisation mutuellement profitable des espaces publics.

Ainsi, la compétition restant un des piliers de la démocratie, lorsqu'elle est saine et portée véritablement sur des projets et programmes entre acteurs politiques opposés, elle permet d'éviter les catastrophes, de préserver des vies et d'éviter la famine, Sen (2000). La démocratie est de ce fait bonne pour un progrès durable dans un pays, même si elle « ne garantit pas le meilleur, elle préserve du pire », (Marchesin, 2004).

Par ailleurs, de nombreuses études révèlent que les réussites économiques les plus remarquables ont été réalisées sous des régimes non-démocratiques. Cette proposition est applicable aux pays de l'Asie de l'Est, la Chine et le Japon « où la modernisation économique et technologique a été bâtie sur le style autoritaire et non démocratique de la restauration Meiji », selon Marchesin (2004). L'auteur cite également les exemples de Singapour de Lee Kuan Yew, des « dragons »[12], « tigres »[13] et même de « bébés tigres »[14] dans lesquels les régimes politiques étaient plutôt volontaristes sur fond de contrôles sociaux rigoureux, faisant peu de place au pluralisme politique. En un demi-siècle, ces pays ont réalisé des performances économiques sans précédent : *des taux de croissance frôlant les deux chiffres, des parts importantes dans le commerce mondial et en nette hausse, des afflux d'investissements privés étrangers considérables, une nette amélioration des niveaux de vie des populations...*

De remarquables succès économiques ont été également réalisés en Amérique latine contemporaine sous des régimes non démocratiques, au Mexique, au Brésil ou encore au Chili. Poursuivant son analyse, Marchesin (2004)

---

[12] Corée du Sud, Taiwan, Singapour et Hong Kong

[13] Thaïlande, Malaisie et Indonésie

[14] Viêtnam et Philippines

cite aussi les voies autoritaires de développement adoptées par les régimes fascistes (ou assimilés) durant la phase d'industrialisation de l'Europe au XXe siècle (Allemagne nazie, Italie fasciste, Espagne franquiste, Portugal salazariste).

Montesquieu, cité par Gilbert Étienne (2003) dans son ouvrage titré « Le développement à contre-courant », disait que « La tyrannie d'un prince ne met pas un État plus près de sa ruine que l'indifférence pour le bien commun n'y met une république ». Cette assertion justifie d'une certaine façon les « biens-faits » d'un « régime de fermeté éclairé » ou d'une « dictature modernisatrice » (Hirschmann, 1986), pour parvenir à des progrès économiques certains. Elle montre aussi à contrario que le pluralisme politique peut engendrer voire aggraver la fragilité socioéconomique et politique nationale ; et par conséquent compromettre le processus de développement.

En effet, dans les pays latino-américains sus cités, le retour à la démocratie au cours des années 1980 aurait engendré des contreperformances économiques certaines, provoquant l'accroissement des poches de pauvreté et la hausse des inégalités sociales. Certains pays ont toutefois enregistré des taux de croissance considérables, dans ces derniers cas aussi les performances économiques ont été appauvrissantes, car profitant aux couches favorisées tandis que les inégalités se sont creusées. Hermet (2000) qualifie cette situation de « développement déformant ».

D'autres études démontrent que le passage d'un régime autoritaire à un régime démocratique génère des désordres domestiques, des turbulences récurrentes, des grèves à répétition, de la corruption et des poussées de mouvements fondamentalistes. Des exemples permettent d'illustrer ces propositions, au Pakistan (depuis 1988), au Bengladesh (depuis 1991), au Népal (depuis 1990) et dans de nombreux pays francophones d'Afrique depuis le sommet de la Baule (France) en 1990.

Les vagues de contestations des populations en Afrique du Nord (Égypte, Libye, Tunisie, Maroc), entre 2010 et 2012, connues sous l'appellation « printemps arabe » et ses effets déstabilisants sur les systèmes alors en place illustrent aussi les conséquences attendues du passage soudain à un régime de démocratie ouverte ; particulièrement lorsque les groupes sociaux accaparent le pouvoir politique sans y être préparés et sans aucune légitimité fonctionnelle. L'avantage des régimes fonctionnant sous des dictatures modernisatrices, selon Hirschmann (1986), est de se détacher des visions court-termistes et électorales pour s'inscrire durablement dans une planification stratégique du développement, en vue d'une transformation structurelle de l'économie. Dans ce cas précis, l'environnement socioéconomique favoriserait la maitrise du temps et procurerait une visibilité propice aux investissements.

Les développements précédents montrent toute la complexité afférente à l'analyse de la causalité entre démocratie et développement. Il est clair que les différentes conférences nationales qui se sont tenues durant la décennie 1990, faisant suite à la rencontre de la Baule (France) ont plus abouti à l'instauration de « démocraties de procédures » en lieu et place de « démocratie comme culture » [15] (Laidi, 2001). Des élections se font certes dans pratiquement tous les pays du continent africain, avec des niveaux d'acceptabilité assez bien, le multipartisme et la liberté de presse y sont relativement assurés, mais l'esprit de la démocratie n'est pas encore véritablement enraciné, intégré dans les sociétés.

---

15 « Démocratie de procédure » : Élections relativement correctes, multipartisme, liberté de presse. « Démocratie comme culture » : Respect de droits de l'homme, intégration de l'esprit de la démocratie, pluralisme, équité et compétition saine.

Les questions des droits de l'homme, de pluralité des opinions politiques, de courants culturels ou encore d'équité et de saine compétition entre acteurs politiques laissent encore à désirer. C'est à ce stade que la « bonne gouvernance » sert pour prévenir ou réduire les inégalités, partager de façon optimale et durable les bénéfices des progrès économique, social, culturel et environnemental. Ainsi, la « bonne gouvernance » apparait en effet comme solution pour aller vers une « démocratie réelle » et adaptée aux valeurs culturelles locales.

Quant aux instabilités sociales et politiques engendrées par l'entame du processus démocratique, elles se justifient amplement. Premièrement, parce que les populations et autres corporations professionnelles, voulant jouir immédiatement des bénéfices de la démocratie se lancent dans un bras de fer systématique contre le pouvoir en place. Les marches de protestation, les grèves et autres formes de réclamations des droits garantis par la « démocratie réelle » se multiplient et s'intensifient et, parfois, vont au-delà des limites juridiques autorisées. Deuxièmement, parce que l'impatience des populations de voir leurs doléances rapidement satisfaites se heurte à l'incapacité de l'État d'y apporter des réponses satisfaisantes à court voire à moyen terme. Le plus souvent, les autorités en place ont tendance à recourir aux mêmes instruments de prestation de services publics dont les limites justifient par ailleurs les réactions populaires pour adresser les problèmes en face. Étant donné le manque de confiance entre les populations et les gouvernants, on assiste alors à une multiplication des troubles publics plus complexes et plus intenses. Troisièmement, parce que la démocratie représentative reste encore incomprise pour la majorité des personnes en Afrique, qui confondent les rôles de mandataires et de mandants dans l'exercice du pouvoir. Cela montre le faible niveau de cognition collective et l'absence ou l'insuffisance d'un cadre éducatif compatible à une appropriation sociétale progressive de la démocratie en tant que culture.

Pour rappel, dans une démocratie réelle, l'exercice du pouvoir par le peuple s'effectue par le biais des urnes, où l'on procède au choix des représentants à qui est confié le mandat d'exercer effectivement le pouvoir au nom du peuple pour une période définie. Dans le cas où les représentants désignés n'agissent pas dans l'intérêt des mandants, le retrait du mandat s'effectue également par les urnes. C'est ce qui fait des élections l'instrument de choix dans l'exercice du pouvoir par le peuple. Cet exercice n'a par ailleurs d'intérêt que lorsque les conditions d'une saine compétition entre acteurs politiques sont assurées et qu'aucun obstacle construit n'empêche l'expression des libertés d'opinion politiques et autres positions.

On peut donc conclure que l'incompréhension des jeux démocratiques et les réattributions de nouveaux rôles aux acteurs politiques et ceux des sociétés civiles engendrent à l'entame de tout processus démocratique des turbulences et autres tensions sociales. Certes, les nouvelles cultures introduites avec l'enracinement du jeu démocratique se heurtent à une forte résistance des habitudes déjà en place depuis plusieurs années. Ce fut le cas lors des conférences nationales, durant la décennie 1990, dans la plupart des pays africains au Sud du Sahara, où les violences politiques ont fissuré les unités nationales déjà fragiles et érodé les stabilités sociales.

La faiblesse des Institutions n'a pas non plus favorisé l'ancrage de la culture démocratique. Ce qui interroge sur l'importance de réunir ou non des conditions préalables avant l'entame du processus démocratique. Convenons cependant qu'il faille bien entendu commencer le processus démocratique quelque part, surtout qu'il soit en adéquation avec l'amélioration du bien-être des populations, à travers entre autres, le partage et la diffusion de l'information, le renforcement et la capacitation des ressources humaines, le renforcement des droits et libertés publiques et la lutte contre les inégalités de tous genres. Plus tôt, une Nation y adhère, mieux c'est pour son développement harmonieux. Il importe toutefois que l'appropriation de la Démocratie soit graduelle, contrôlée et tienne compte du niveau de maturité des populations, au risque d'engendrer quelques situations préjudiciables au renforcement qualitatif des Institutions.

5) **Institutions publiques, capital humain et développement**

Le capital humain est une ressource précieuse, constituée de savoirs et du savoir-faire acquis par l'instruction, la formation et les expériences, OCDE (2001). De son côté, Becker (1964), Prix Nobel de l'Économie en 1992, définit le capital humain comme « l'ensemble des capacités productives qu'un individu acquiert par accumulation de connaissances générales ou spécifiques, de savoir-faire… ».

L'analyse microéconomique classique nous apprend que la production résulte fondamentalement d'une combinaison entre facteurs « travail » et « capital ». Alors que le « capital », qui peut être physique ou financier, vient des individus à capacité de financement, dont les disponibilités financières excèdent leurs besoins de consommation. Le « travail » en ce qui le concerne est offert par les ménages, dont l'activité principale est la consommation. Comme l'éducation au stade d'acquisition par les ménages n'est pas productive, la tendance globale a toujours été de l'assimiler à une forme de consommation ou à une activité relevant purement du social. Pourtant, le savoir et le savoir-faire s'acquièrent, se préservent, se valorisent et génèrent des bénéfices sous forme de revenus du travail. On peut donc comprendre que les dépenses de l'éducation et de santé relèvent à part entière de l'investissement dans le capital humain, dont les rendements attendus sont considérables, à la fois pour l'individu et pour la société. Ils constituent la base productive inter temporelle de tout système de production.

La particularité du capital humain est d'être à la fois un bien privé et un bien public. Il est un bien privé en ce sens que chaque personne prend sur elle l'engagement de suivre une formation, d'élargir son champ de connaissances, de multiplier ses expériences et de consolider son champ de compétences. Ces savoirs et savoir-faire lui sont reconnus par la société, sous forme de diplômes et/ou d'attestations de niveau ; ils lui sont indissociables. Ils attestent de sa capacité contributive à la production nationale. Le caractère public du capital humain, en ce qui le concerne, intervient après accumulation de ces connaissances, c'est-à-dire dans la phase de valorisation des acquis. En effet, l'offre du capital humain sur le marché de l'emploi à des fins productives en fait un bien privé mis au service du collectif, pour contribuer à la production nationale. Plus cette offre est massive, de bonne qualité et à forte productivité marginale, plus sa contribution à la production nationale est importante. Or, pour parvenir à une offre d'un tel niveau de qualité, il faut investir dans son éducation et/ou dans sa formation.

Le rôle du capital humain comme base de production dans un pays n'est plus à démontrer. L'épidémie à virus Ebola, qui a frappé les pays de la rivière Mano (Guinée, Sierra Léone et Libéria), entre 2014 et 2015, et la pandémie à coronavirus qui affecte le monde entier depuis début 2020, montrent encore une fois à quel point l'éducation et la santé sont essentielles à la prévention des risques et à la dissipation de périodes de grandes incertitudes pour extirper les économies de leur situation poussive. En effet, dans un contexte économique normalisé, les niveaux de qualification permettent d'estimer ce qu'un individu en situation d'emploi peut gagner dans le temps jusqu'à sa retraite, sous réserve maintenir ses conditions de santé.

Une étude réalisée par l'OCDE (2007) soutient que « *si le temps moyen que chaque personne consacre à l'éducation augmente d'un an, le produit économique du pays par habitant devrait augmenter, sur le long terme, dans une fourchette comprise entre 4 et 6 %.* » En d'autres termes, les pays qui investissent dans l'éducation et la santé de leur population obtiennent de bien meilleures performances économiques dans le temps. L'étude soutient par exemple que les emballements des croissances économiques des dragons asiatiques (Singapour, Corée, Taiwan), à partir des années 1980, sont intervenus après l'atteinte des niveaux de littératie relativement élevés. Cela veut dire que les pays qui reposent leur développement sur une main-d'œuvre bien qualifiée et en bonne santé ont une propension plus élevée à atteindre et maintenir une dynamique économique dans le temps susceptible de s'adapter aux variations tendancielles.

Nelson Mandela disait en 2003 que : « *L'Éducation est l'arme la plus puissante que l'on peut utiliser pour changer le monde* ». Une façon de rappeler notamment aux pays africains subsahariens que le chemin du développement commence par l'éducation et se construit solidement avec l'éducation. Il ne saurait en être autrement si l'on veut constituer une taille critique du capital humain pour amorcer effectivement et durablement des progrès économiques, sociaux et culturels durables.

Ceci conduit à questionner la pertinence des politiques publiques en matière d'éducation et de santé ; et le niveau de corrélation entre, d'une part, les dépenses d'investissement public en santé et en éducation et, d'autre part, l'essor des capacités productives nationales.

Ici, les volumes des dépenses dans les budgets nationaux sont tout aussi importants que l'efficience inhérente à leur utilisation. C'est à ce niveau que la transparence dans les procédures, de l'amont à l'aval, devient indispensable, pour apprécier les choix stratégiques des finances publiques et la significativité des effets d'impact sur ces secteurs. Il apparaît plus évident qu'investir dans les ressources humaines sans que cela n'induise des capacités productives plus développées, contribuant plus à la production nationale, correspond à un simple gaspillage des ressources. Cette mauvaise utilisation des ressources engendre d'autres problèmes bien plus graves dans le futur qui se révéleront budgétivore. C'est le fait de se retrouver avec des jeunes mal formés, discriminés par le marché de l'emploi, parce que très peu (ou pas) compétitifs. Dans cette sous-population d'oisifs, certains jeunes mieux encadrés se lancent dans les métiers de l'artisanat et autres activités dans le secteur informel, tandis que les plus vulnérables sont exposés à la merci des marchands d'illusion soit pour la migration, soit pour l'extrémisme et autres formes de violences, soit pour le commerce de drogue et autres produits illicites. Certes, ces options ne contribuent aucunement à l'étoffement de la base productive indispensable au développement. Elles accroissent au contraire l'incertitude, comme nous le verrons plus loin, ces milliers de jeunes peu (ou pas) qualifiés, souffrant de difficultés d'absorption par le marché du travail, s'érigeront en obstacle à la stabilité économique, sociale et politique compromettant tout investissement dans le long terme.

On en déduit qu'une insuffisance d'investissement et/ou tout mauvais investissement dans le capital humain entraine, toute chose égale par ailleurs, des charges sociales plus lourdes que l'État devrait supporter à long terme. Ce qui confirme les propos de Kuan Chun[16], parlant du rôle du

[16] Homme politique chinois au 7ieme siècle avant Jésus Christ.

capital humain dans le développement : « *Si votre plan est pour un an, planter du riz. Si votre plan est pour dix ans, planter des arbres. Si votre plan est pour cent ans, éduquer des enfants* ».

On comprend dès lors l'importance de la relation entre capital humain et développement. Il est notoirement admis que, dans les jeunes démocraties africaines subsahariennes, les choix de politiques publiques s'effectuent le plus souvent en faveur des investissements en capital physique visible : routes, barrages, ouvrages de franchissement, bâtiments et autres infrastructures physiques. Les investissements en capital humain n'étant pas visibles, du moins dans l'immédiat, dans un contexte de cycle électoral court, de 5 ans de mandatures par exemple, les gouvernants y accordent moins d'importance. La raison est que ceux-ci sont irréels, très peu d'électeurs sentent visiblement leurs effets, tandis qu'ils sont difficiles à brandir comme résultats pour convaincre les électeurs.

Pourtant, il n'y a point de développement sans relever le défi du capital humain. Les meilleures performances économiques ainsi que la compétitivité s'obtiennent par la valorisation du capital humain. Toutes les avancées technologiques, susceptibles d'améliorer la productivité et l'efficience des services, s'acquièrent par de meilleurs investissements dans le capital humain répondant aux besoins du marché du travail.

Finalement, le développement s'avère inaccessible sans ressources humaines de qualité, susceptibles de s'adapter aux vicissitudes du marché du travail. Les manques à gagner, en termes de ressources humaines, dégagés par les résultats des Indices de développement humain (IDH) doivent interpeler les gouvernements à initier et conduire des réformes structurelles afin de combler les déficits en capital humain.

Avec un IDH moyen de 0,541 en 2018, l'Afrique subsaharienne est loin de tirer profit effectivement de son dividende démographique ; la marge de progression de son PIB étant presque de 50 %. Plus spécifiquement, l'IDH de la Guinée en 2019 est de 0,466, cela signifie qu'un enfant qui est né au cours de cette année dans ce pays, à condition d'éducation et de santé constantes, aura un taux de productivité de 46,6 %. La différence (53,4 %) révèle le manque à gagner en capacité productive, imputable à la défaillance des systèmes éducatifs et de santé. Ainsi, si les enfants guinéens accédaient pleinement à l'éducation et à la santé, leur contribution à la production nationale aurait plus que doublé le PIB actuel du pays.

L'amélioration de la qualité de l'éducation et des prestations du système sanitaire dépend du niveau de priorité dans lequel les autorités les placent, dans la définition et la conduite des politiques publiques. Dans certaines régions, comme celles de la Communauté des États de l'Afrique de l'Ouest (CEDEAO), les États membres sont tenus d'atteindre une valeur cible définie. C'est ainsi que pour le secteur de l'éducation et la santé, d'ici à 2030, les cibles sont (1) de s'assurer que 100 % des filles et garçons ont terminé un enseignement primaire et secondaire équitable, gratuit et de qualité conduisant à des résultats d'apprentissage pertinents et efficaces (ODD4) et, (2) de donner aux individus (100 %) les moyens de vivre une vie saine et de promouvoir le bien-être à tous les âges (DD3). À ce stade, aucun des pays de la zone ne respectent ces critères, ce qui dénote de la place du capital humain dans les programmes de développement des pays de la région.

Le critère « taille du budget » reste toutefois muet sur l'efficience dans l'utilisation des ressources dans ces secteurs. Il ne renseigne ni sur la gouvernance de ces deux secteurs ni sur la transparence dans l'utilisation des ressources qui leur sont affectées. Ceci fait qu'un budget, si élevé soit-il, n'informe guère dans quelle mesure les secteurs de l'éducation et la santé intégrales sont suffisamment outillés pour améliorer rationnellement le capital humain national.

Il est évident que les enjeux vont au-delà d'une simple allocation budgétaire, car construire une école et former ses animateurs ne suffisent pas pour y attirer les enfants, particulièrement dans un environnement où les ménages sont frappés par des situations de fragilité. En plus des problèmes d'accès, il faut y ajouter la disponibilité des commodités et autres mesures incitatives pour susciter de l'intérêt des parents et des enfants pour l'école. Il s'agit entre autres de la disponibilité des cantines et des latrines propres (surtout pour les jeunes filles), de l'accès à l'eau potable, etc.

En poursuivant notre raisonnement plus loin, on dira qu'en plus du dispositif minimum que l'État doit réunir pour rendre opérationnel un établissement éducatif, il y a la confiance des parents d'élèves à construire pour qu'ils acceptent d'inscrire et laisser leurs enfants en milieu éducatif à des heures dûment requises. Dans de nombreux ménages démunis en Afrique, compte tenu du faible niveau de productivité de la main-d'œuvre locale, les enfants en âge scolaire sont aussi mobilisés pour participer aux activités de production familiale. À ce titre, ils font partie de la force productive du cercle familial sur qui les parents peuvent compter pour accroître la production. Demander à ces parents de libérer leurs enfants de toutes activités productives au profit de l'école a donc un coût : le manque à gagner du retrait des enfants des rouages de la production familiale au profit de l'école, tandis que leur fonction dans la consommation des biens produits demeure intacte. Dans certains cas, cette fonction peut même augmenter puisqu'envoyer un enfant à l'école implique également de prendre en charge les frais de fournitures et de tenues scolaires, les charges de transport et autres dépenses afférentes aux activités éducatives qu'ils n'auraient pas supporté si les enfants restaient auprès d'eux. Considérant leur situation de fragilité, on peut ainsi comprendre que les parents fassent un arbitrage, entre les coûts et les bénéfices afférant à la garde de l'enfant à la maison et ceux de le laisser aller à l'école.

C'est à ce niveau qu'une utilisation optimale des budgets de renforcement du capital humain national devient essentielle. L'enjeu est de s'assurer que l'utilisation des ressources disponibles pour les secteurs de l'éducation et de la santé ne s'érige pas en obstacles pour la promotion de l'éducation de base pour tous et pour l'accès à de meilleurs services de santé. Ce raisonnement qui peut s'étendre à toutes les étapes du processus de renforcement des capacités du capital humain dans un pays.

Les défis critiques auxquels font face les pays africains subsahariens en termes de capital humain ne sauraient être entièrement relevés sans une amélioration substantielle de leur IDH. C'est en relevant ces défis qu'ils parviendront à y opérer des transformations sociales, économiques et culturelles structurelles en leur sein. Autrement dit, les ressources physiques, financières et naturelles dont elles disposent leur seront d'autant plus profitables que les productivités moyennes de leur main-d'œuvre respective sont élevées.

En plus de la formation acquise à travers le système éducatif, qui est une formation dite générale, souvent financée par l'État, le renforcement du capital humain peut s'effectuer aussi dans l'entreprise, qui en assure la prise en charge. Cette dernière formation est qualifiée de spécifique parce que voulue par l'entreprise pour ses employés et son contenu défini par elle, en vue d'accroitre leur productivité en son sein. Cette formation spécifique est rarement réutilisable en dehors de l'entreprise formatrice, car destinée à la mise à niveau de son système productif en vue de faire face à la concurrence, d'être à même de saisir de nouvelles opportunités offertes par le marché et de prévenir le risque d'obsolescence de l'ensemble du dispositif productif.

Les formations spécifiques sont plus utiles et apportent plus de résultats dans des structures économiques où les entreprises sont nombreuses, en saine compétition et bien structurés. Or, dans la quasi-totalité des pays africains subsahariens, les activités économiques sont dominées par le secteur informel ; un secteur qui abrite la quasi-totalité des micros et petites et moyennes entreprises et plus de 2/3 de la main-d'œuvre active dans la région.

En Guinée, par exemple, une étude réalisée par l'Institut Nationale de la Statistique (INS, 2020) estime à plus de 1,8 million, le nombre d'unités de production informelle en exercice. Environ 67,8 % de ces entreprises opèrent en milieu urbain, dont 59 % dans le secteur du commerce. Ces entreprises sont de très petites tailles en termes de nombre d'emplois, soit 1,4 personne par unité de production. L'étude nous apprend également que ces unités de production sont faiblement capitalistiques, avec un montant moyen du capital estimé à moins de 200 USD[17], tandis que les biens de production dont elles disposent sont sous-performants.

Il est évident que ces entreprises, avec les faibles moyens à disposition, ont très peu de chances de se payer des formations spécifiques. Les unités de production informelles sont aussi réputées d'être dirigées par des personnes, ou d'employer du personnel, peu ou non qualifié. Ceci explique, toutes choses égales par ailleurs, la faible productivité des acteurs du secteur informel et leur maigre contribution à la croissance économique. Pour les

---

[17] Plus précisément 1 791 596 GNF, sachant que 1$US = 9500 GNF

unités de production dirigées par des personnes ayant bénéficié d'une éducation générale, certes, la productivité peut être plus élevée, toutefois, le faible niveau capitalistique de ces entreprises et les vicissitudes de l'environnement des affaires ne favorisent pas leur contribution effective et efficiente à la production et par-delà, leur participation réelle à la transformation structurelle de l'économie.

On revient encore une fois à la problématique de valorisation du capital humain qui demeure, de ce qui précède, la principale richesse qu'un pays comme la Guinée doit acquérir en priorité, pour espérer transformer structurellement son économie et atteindre des niveaux de progrès social et culturel espérés. Ce capital humain reste le seul à même de procurer aux milliers de jeunes guinéens le « savoir » et le « savoir-faire » leur permettant de se prendre en charge de façon autonome et durable.

Les différents efforts du Gouvernement en vue d'assainir l'environnement des affaires et l'accroissement de la production resteront inefficaces sans une amélioration effective de l'IDH. C'est pour cette raison que les investissements dans les ressources humaines sont incontournables pour atteindre des niveaux de croissance économique voulus, inclusifs et favorables à l'amélioration du bien-être des populations. Toutes les politiques publiques en faveur d'une éducation de qualité, des apprentissages et autres développements des compétences, de la prestation de meilleure qualité de soin, de la protection sociale et de l'amélioration de la nutrition, doivent être initiées et conduites à cette fin.

Dans le contexte guinéen, qui peut être étendu à de nombreux pays africains subsahariens compte tenu de la faiblesse du secteur privé et du poids du secteur informel dans l'économie, les fondements du développement national passent inévitablement par la fourniture d'une éducation générale de base inclusive et de qualité. Cela est d'autant plus important que nous vivons une période de l'économie du savoir qui exige, pour être en mesure de tenir face à la compétition mondiale, un minimum de savoir et de savoir-faire ouvrant la porte à l'innovation, à de fortes dispositions d'adaptation et à l'autonomisation. À la limite, il est préférable de disposer d'un socle de capital humain de grande valeur que d'avoir des ressources naturelles, particulièrement dans le contexte économique mondial actuel où les incertitudes riment avec des chocs récurrents de toutes sortes qui participent à la vulnérabilisation des sociétés.

La promotion des compétences devient ainsi une priorité pour les économies africaines. En attendant la constitution d'un capital humain qualifié et en nombre suffisant, le recours aux compétences de la diaspora devient urgent et impératif. En effet, les compétences africaines sont parmi les plus sollicitées aujourd'hui à travers le monde, surtout dans les pays développés en général, où des jeunes africains monnaient leur savoir dans tous les domaines : sciences, éducation, santé, technologie de l'information, recherche appliquée, etc. L'exemple rwandais de la stratégie de retour de la diaspora peut inspirer à cet effet, avec des mécanismes d'incitation salariale, d'accès au logement et autres commodités favorables à leur réinsertion socioéconomique et professionnelle.

Le recours aux savoir et savoir-faire de la diaspora doit s'inscrire dans les priorités des pays africains, pour réduire assez rapidement leur déficit dans ce domaine et permettre ainsi le renforcement du capital humain local. De nombreux jeunes appartenant à cette diaspora n'attendent que des signaux favorables de leurs gouvernants pour se mettre à disposition. Au moment où les nouvelles technologies de l'information se diffusent largement à travers le monde, au point de réduire les barrières géographiques et apporter des changements notoires dans le monde du travail, le facteur distance n'est plus une contrainte à une meilleure collaboration professionnelle. Les gouvernements africains devraient donc saisir cette aubaine pour remobiliser leurs migrants afin d'accroitre la contribution de ceux-ci à l'essor de leurs pays respectifs. Certes, cela ralentirait la migration clandestine parce que procurant aux économies concernées des capacités complémentaires pour accroitre leurs productivités et leur production, et transférer les compétences aux plus jeunes.

L'insuffisance, le manque d'audace et de pertinence des politiques publiques en faveur des jeunes engendrent un sentiment de désespoir chez cette couche fragile de la population. Ce désespoir évoqué antérieurement, conduit notamment à :

- La migration de plusieurs milliers de jeunes vers l'Occident via principalement la mer Méditerranée où les dures conditions de traversées provoquent plusieurs pertes en vies humaines et autres dégâts collatéraux ;
- La défiance des jeunes, exténués par l'oisiveté, envers les Institutions étatiques qu'ils jugent incapables d'apporter des solutions durables et satisfaisantes à leurs préoccupations qui sont entre autres, l'accès à des emplois décents, le bénéfice d'une éducation et/ou d'une formation favorable à l'employabilité, l'accès à des services de santé de qualité et autres services sociaux de base.

- L'ouverture de foyers de tensions et d'extrémisme à des replis communautaires ainsi qu'à de longues périodes d'instabilité politique et sociale qui entretiennent un environnement de ni guerre ni paix, mais défavorable à toute transformation socioéconomique et politique structurelle.

L'encouragement du retour de la diaspora africaine aiderait aussi à reconstruire de façon résiliente les

Institutions étatiques et à contribuer à mieux organiser et exécuter les programmes de développement. En attendant de disposer de capacités humaines critiques et de bonne qualité pour accélérer le processus de développement, recourir à des ressources humaines de la diaspora permettra de pallier les insuffisances de compétences évoquées ci-dessus, de renforcer les capacités des institutions pour une meilleure appropriation culturelle de la démocratie et enfin d'améliorer l'efficience des politiques publiques.

En attendant que les investissements dans les capitaux humains produisent les rendements attendus, le recours aux forces productives de la diaspora concourrait à remédier à l'inefficience des systèmes productifs actuels et à favoriser l'atteinte de bons niveaux de progrès économiques favorables à une meilleure qualification de la main-d'œuvre à l'entrepreneuriat et à des emplois offerts sur le marché du travail.

Il ne fait point de doute qu'éduquer et soigner le peuple participent à l'accroissement de la production et à l'amélioration de son bien-être. Les investissements dans le capital humain sont immatériels sur bien des aspects et surtout prennent du temps à produire leurs effets. Par conséquent, ils ne font pas les affaires des hommes et femmes politiques trop souvent préoccupés par les calendriers électoraux. Pourtant, il ne saurait y avoir de développement en Afrique tant que le défi posé par le déficit en capital humain n'est pas relevé. Cet investissement doit s'inscrire dans les priorités nationales, lesquelles doivent recueillir l'approbation et l'engagement de tous les politiques. L'enjeu est de détacher les investissements dans le capital humain des cycles politiques, pour espérer des rendements meilleurs dans le futur.

CONCLUSION

Le développement se doit d'être une initiative propre à une Nation qui se sert de ses avantages comparatifs comme inputs pour changer positivement son cadre de vie. Ces avantages ne sont pas seulement économiques, ils sont aussi et surtout culturels.

Notre conviction est qu'il est inconcevable pour une Nation de se passer de sa culture pour atteindre des niveaux de progrès économique et social durables. Autrement, elle perdra ses repères, car la culture est un facteur de production à part entière. Son utilisation rationnelle et efficiente, combinée aux autres facteurs de production, apporte des réponses satisfaisantes aux aspirations des populations concernées et concourt à l'amélioration de leur bien-être.

Avoir de meilleurs indicateurs de développement n'apporte pas plus de bonheur à un peuple que l'intégration de sa culture dans les changements économiques et sociaux qui l'affectent. Ce faisant, on le (peuple) respecte et le rend responsable de son destin.

Le développement se doit aussi d'être rationnellement planifié et axé sur une vision claire et communément partagée. Ce travail revient aux administrateurs publics, bénéficiaires de contrats de délégation du pouvoir (État, administration). Les productivités des administrations centrales et locales sont fortement dépendantes de la qualité des ressources humaines qu'elles regorgent. C'est pourquoi aucun effort ne doit être épargné pour attirer les compétences dans les administrations et l'État doit rivaliser avec le secteur privé sur le marché du travail pour renforcer ses capacités. À l'instar des équipes nationales de football, où on recourt à des professionnelles pour créer les conditions de victoire, les administrations publiques gagneront aussi à aller à la pêche des compétences pour accompagner leur transformation durable.

Pour aller vers des institutions fortes et résilientes tant réclamées dans les discours relatifs à la démocratie, il faut des ressources humaines capables de structurer un écosystème administratif cohérent et conforme aux aspirations des administrés. Les transpositions institutionnelles auxquelles nous assistons depuis près de trois décennies n'apporteront pas plus de démocratie dans les pays africains que la dotation des administrations en compétences.

Quant à la démocratie, les sociétés africaines gagneront à choisir par elles-mêmes les institutions politiques qui siéent à leur besoin, pour construire leur avenir. La démocratie en soi est une bonne pratique politique, pourvu qu'elle ne soit pas placardée. C'est lorsqu'elle est comprise et culturellement intégrée qu'une démocratie produit des bénéfices considérables pour le peuple. Cela passe certes par des processus d'apprentissage itératifs, pour construire des institutions solides par des leaders éclairés, épris de justice, de travail et de valeurs éthiques.

La politisation des administrations est aussi une voie sûre pour affaiblir les institutions et pour dévoyer le service public. Elle conforte des fonctionnaires politiques, introduit l'indiscipline dans les services administratifs et affaiblit l'autorité hiérarchique. Le plus souvent, elle encourage l'inaptitude, comme nous l'avons développé antérieurement, tolère la mauvaise gouvernance.

Il en résulte que le détournement des pouvoirs discrétionnaires par des administrateurs engendre et consolide les relations corruptives et inféode le pouvoir de contrôle. Cette collusion entre agents dépositaires de pouvoirs discrétionnaires et contrôleurs, contribue à répandre les conséquences néfastes de la corruption et par conséquent à l'affaiblissement des institutions publiques.

La bonne gouvernance est la porte ouverte sur un développement effectif

L'implication citoyenne dans le processus de développement, le recours à des agents compétents de la fonction publique pour occuper des positions en parfaite adéquation avec leurs qualifications, la transparence dans les procédures administratives et le respect des Institutions renforcent la lutte contre la corruption dont les effets sont très dévastateurs sur les économies africaines.

Les progrès économique, social et culturel sont inconcevables sans des institutions publiques protégées contre les puissants intérêts privés, susceptibles d'infléchir en leur faveur à la fois l'action publique, les institutions et les lois de l'État (Kaufmann, 2005). Quant aux petites et moyennes entreprises, qui ne peuvent tordre les règles de jeu en leur faveur, elles subissent des « taxes » additionnelles indues, du fait de la corruption pour bénéficier de certaines prestations publiques dont ils ont droit. Évidemment, ces charges corruptives, en grevant les charges d'exploitation des entreprises, les défavorisent à supporter la compétition sur le marché et, par conséquent à ne plus être à terme en mesure d'internaliser leurs charges d'exploitation globales. Ces entreprises sont ainsi condamnées à disparaitre dans le temps.

Ce raisonnement peut s'appliquer aussi aux ménages, particulièrement ceux à faibles revenus qui ne peuvent accéder à des services publics normalement sans payer indument des agents du service public. Cette situation conduit à une multiplication du nombre d'exclus des services publics pour cause de corruption du système de gouvernance d'ensemble. Par exemple, de nombreuses familles évitent d'aller dans les centres de santé pour bénéficier des soins parce que les coûts des prestations n'y sont pas clairs. De même, plusieurs parents d'enfants éprouvent des difficultés à inscrire et maintenir leurs enfants à l'école pour cause de contributions additionnelles irrégulières que leur demandent certains enseignants le long de l'année. Rappelons que dans les deux cas, ces services publics de base sont officiellement gratuits et garantis par l'État.

Les conséquences de la corruption sont de ce fait lourdes, à la fois pour l'appareil productif et pour les ménages. En désarticulant le système productif, la corruption conduit à la disparition de nombreuses entreprises pourvoyeuses d'emplois. Ce qui affecte à la fois la croissance économique, les revenus distribués et les emplois créés. En ce qui concerne les ménages, la corruption érode leurs revenus et les pousse à faire des arbitrages aussi indécents que le choix entre fréquenter un centre de santé et consulter un tradipraticien ; ou encore le choix entre désinscrire et maintenir leurs enfants à l'école.

Dans tous les cas, on peut entrevoir par cette analyse une des sources de l'appauvrissement des ménages.

Finalement, la conduite du développement d'un pays exige pour réussir de porter attention à sa gouvernance dans son ensemble : la gouvernance administrative, la gouvernance macroéconomique et financière, la gouvernance sociale et culturelle… Lorsque la gouvernance des politiques publiques est déficiente, les décisions qui en résultent le seront tout autant et le processus du développement n'en sera que retardé ou compromis.

BIBLIOGRAPHIE

Baumol, W., Panzar, J., & Willig, R. (1983). « Contestable Markets: An Uprising in the Theory of Industry Structure : Reply ». *The American Economic Review, 73(3)*, 491-496. Retrieved November 3, 2020, from http://www.jstor.org/stable/1808145

Becker G. S. (1964). « Human Capital, A Theoretical and Empirical Analysis ». *Columbia University Press for the National Bureau of Economic Research*, New York.

Couret D., Metzger P. et URBI (2019). « Réduire les vulnérabilités plutôt qu'éradiquer la pauvreté », Espace populations sociétés [En ligne], 2009/2 | 2009, mis en ligne le 01 avril 2011, consulté, le 26 avril 2019. URL : http://journals.openedition.org/eps/4774 ; DOI : 10.4000/eps.4774

Deneault A. (2017). « Gouvernance », Le management totalitaire, Lettre Libre, Lux, 193 p.

Doumbouya M.L. (2007) « Pauvreté et accessibilité aux services de santé : le cas de la Guinée », *Revue Économie et solidarités*, Edition CIRIEC, Canada, vol. 38, n°2, pp. 137-153. http://www.ciriec.uqam.ca/pdf/numeros_parus_articles/3802/ES-3802-09.pdf

Doumbouya M.L. (2010) « Développement financier et essor économique en Afrique Subsaharienne », *Revue Analyse Financière*, n ° 35, pp. 19-21, Avril-Mai-Juin. http://www.revueanalysefinanciere.com/index.php?page=shop.product_details&flypage=flypage.tpl&product_id=367&category_id=22&option=com_virtuemart&Itemid=3&vmcchk=1&Itemid=3.

Doumbouya M.L. (2011). « Survie entrepreneuriale en Afrique : le cas des entreprises guinéennes ». *Mondes en développement*, n° 155, pp. 125-140, 2011/3. http://www.cairn.info/resume.php?ID_ARTICLE=MED_155_0125

Doumbouya M.L., Touré M., Barry M. (2019). Guinée : Réforme des finances publiques, Transparence budgétaire et efficacité des politiques publiques. Édition L'Harmattan.

Doumbouya M.L. (2008). « Banques Commerciales, Institutions de Micro-Finance et financement de l'économie guinéenne : proposition de schémas de rapprochement ». Post-Printhalshs-00323519, HAL. https://halshs.archives-ouvertes.fr/halshs-00323519

Edgar L., Marshall C. et Basset M (2006), « Partnerships : Putting Good Governance Principles in Practice », Ottawa, Institut sur la gouvernance, p.1.

Edison H. (2003), « Qualité des institutions et résultats économiques : *un lien vraiment étroit ?* », *Finances & Développement*, juin, pp. 35-37.

Esraa A. F. (2011), Blogueuse égyptienne, V-P de l'ONG Egyptian Democratic Academy, Interview, The Cairo Review, Febrary 27.

Étienne G. (2003). Le développement à contre-courant. Collection : La Bibliothèque du citoyen ; Éditeur : Presses de Sciences Po. 152 p.

Galbis V. (1977). « Financial Intermediation and Economic Growth in Less-Developed Countries: A theorical Approach », *Journal of Development Studies*, Vol. 13, n°2, pp. 58-72.

Guinée, APIP (2016). Rapport sur le secteur privé guinéen. https://www.invest.gov.gn/page/vision-strategies?onglet=rapport-sur-le-secteur-prive-guineen.

Guinée, Institut National de la santé (2020), l'enquête Emploi et Secteur Informel.

Guinée, Institut National de la santé (2019), Annuaire Statistique.

Guinée, Institut National de la santé (2019) Recensement Général de la Population et de l'Habitat (RGPH3). http://www.stat-guinee.org/index.php/publications-ins/rapports-d-enquetes/category/113-rgph-2014

Guinée, Enquête Harmonisée sur les Conditions de Vie des Ménages (EHCVM, 2018-2019).

Hermet Guy (2000), *Culture et Développement*, Paris, Presses Sciences Po.

Hirschmann A. (1986), « On democracy in Latin America », The New York Review of Books, 33(6), April 10.

Hugon P (2013) « II. De l'économie de rentes vers une accumulation productive ? », dans : Philippe Hugon éd., *L'économie de l'Afrique.* Paris, La Découverte, « Repères », p. 22-39. URL : https://www.cairn.info/l-economie-de-l-afrique--9782707176387-page-22.htm.

Hugon P. (1991). « Les politiques d'ajustement et le dualisme financier africain »,. *Épargne sans frontière*, n° 23, juin, pp 22-30.

Hugon P. (2013). La croissance de l'Afrique peut-elle durer ? L'Économie politique, 59(3), 34-48. https://doi.org/10.3917/leco.059.0034

Kaufmann, 2005. Myths and Realities of Governance and Corruption. Natural Resource Governance Institute (NRGI); The Brookings Institution, 18 p. https://papers.ssrn.com/sol3/papers.cfm?abstract_id=829244.

Laidi Z. (2001), 3, Mondialisation et démocratie, Politique étrangère, Persée.

Laroui F. (2019), La revanche des cancres, Jeune-Afrique, no3039 du 7 au 13 avril, p.90.

Lelart M., (1990), La tontine pratique informelle d'épargne et de crédit dans les pays en voie de développement, Paris : John Libbey.

Lopes C. (2021), L'Afrique est l'avenir du monde, *Repenser le développement*, Éditions du Seuil, mars, traduction française, 253 p

Lorrain D. (2011), « Les pilotes invisibles de l'action publique, Le désarroi du politique ? », chap. 4, in Gouverné par les instruments, ouvrage collectif sous la direction de Pierre Lascoumes et Patrick Le Galés. Paris, Presses de Sciences Po., p.163-197.

Lorrain D. (2011). La main discrète : La finance globale dans la ville. *Revue française de science politique*, 6(6), 10971122 https://doi.org/10.3917/rfsp.616.1097.

Marchesin P. (2004). « Démocratie et développement ». *Revue Tiers Monde*, 179(3), 487-513. https://doi.org/10.3917/rtm.179.0487

Mathieson D. J, (1979), « Financial Reform and Capital Flows in a Developing Economy », *IMF Staff Papers*, Vol. 26, n° 3, pp. 450-489.

North D. C. (2005). *Understanding the Process of Economic Change*. Princeton University Press.

Nubukpo k. (2019). L'urgence africaine : changeons le modèle de croissance ! Éditions Odile Jacob, 235 p.

OCDE (2001), Du bien-être des nations : le rôle du capital humain et social, https://books.google.com/books/about/Du_bien_être_des_nations.html?id=gIlT9FwIeEMC&printsec=frontcover&source=kp_read_button#v=onepage & q & f=false.

OCDE (2007), Le Capital humain — Comment le savoir détermine notre vie. https://www.oecd-ilibrary.org/docserver/9789264029118-fr.pdf?expires=1603278385&id=id&accname=guest&checksum=69A9A581F3F62D3CDD97538471CC6DC4

Parsons Talcott et Smelser Neil, Economic and society, New York Free Press, 1956.

PEPS-Economie (2011). Pour un pluralisme dans l'enseignement de l'économie. L'Économie politique, 50(2), 49-58. doi:10.3917/leco.050.0049. https://www.cairn.info/revue-l-economie-politique-2011-2-page-49.htm

Rochford L. (2016). Contrepoint – Gary Becker et la notion de capital humain. *Informations sociales*, 192(1), 65-65. https://doi.org/10.3917/inso.192.0065Sen A. (1999), Development as Freedom, Oxford, Oxford University Press.

Rodrik D. (2004). Rethinking growth policies in the developing world. Draft of the Luca DÃ¡ gliano Lecture in development Economics delivered at October, 8.

Salama P. (1973), Un procès du sous-développement, Paris : Maspero.

Salamé Gh. (1994), *Démocratie sans démocrates*. Politiques d'ouverture dans le monde arabe et islamique, Paris, Fayard.

Schumpeter J. A. (1951). Essays on entrepreneurs, Innovations, Business Cycles and the Evolution of Capitalism. Cambridge, Mass., Eddison-Wesley, 1991, New-Brunswick, N. J. Transaction books.

Sen A. (1999), Un nouveau modèle économique, Développement, Justice, *Liberté*, Prix Nobel, Éditions Odile Jacob, ISBN, 2-7381-0864-4, 372 p.

Sen A. (2000), *Development as Freedom*, New York, Random House.

Stiglitz J. (2002), La grande désillusion, Paris : Fayard.

Susana Peñalva. La crise structurelle en Argentine : Chronique de l'effondrement d'une société salariale. In: *Les Annales de la recherche urbaine*, N° 93, 2003. Les infortunes de l'espace. pp. 98-106.

Weber Max (2001), *Les grands textes de l'économie et de la sociologie*, coordination de C-D Échaudemainson, Nathan, juillet.

TABLE DES MATIÈRES

Structures éditoriales du groupe L'Harmattan

L'Harmattan Italie
Via degli Artisti, 15
10124 Torino
harmattan.italia@gmail.com

L'Harmattan Hongrie
Kossuth l. u. 14-16.
1053 Budapest
harmattan@harmattan.hu

L'Harmattan Sénégal
10 VDN en face Mermoz
BP 45034 Dakar-Fann
senharmattan@gmail.com

L'Harmattan Cameroun
TSINGA/FECAFOOT
BP 11486 Yaoundé
inkoukam@gmail.com

L'Harmattan Burkina Faso
Achille Somé – tengnule@hotmail.fr

L'Harmattan Guinée
Almamya, rue KA 028 OKB Agency
BP 3470 Conakry
harmattanguinee@yahoo.fr

L'Harmattan RDC
185, avenue Nyangwe
Commune de Lingwala – Kinshasa
matangilamusadila@yahoo.fr

L'Harmattan Congo
67, boulevard Denis-Sassou-N'Guesso
BP 2874 Brazzaville
harmattan.congo@yahoo.fr

L'Harmattan Mali
Sirakoro-Meguetana V31
Bamako
syllaka@yahoo.fr

L'Harmattan Togo
Djidjole – Lomé
Maison Amela
face EPP BATOME
ddamela@aol.com

L'Harmattan Côte d'Ivoire
Résidence Karl – Cité des Arts
Abidjan-Cocody
03 BP 1588 Abidjan
espace_harmattan.ci@hotmail.fr

L'Harmattan Algérie
22, rue Moulay-Mohamed
31000 Oran
info2@harmattan-algerie.com

L'Harmattan Maroc
5, rue Ferrane-Kouicha, Talaâ-Elkbira
Chrableyine, Fès-Médine
30000 Fès
harmattan.maroc@gmail.com

Nos librairies en France

Librairie internationale
16, rue des Écoles – 75005 Paris
librairie.internationale@harmattan.fr
01 40 46 79 11
www.librairieharmattan.com

Lib. sciences humaines & histoire
21, rue des Écoles – 75005 paris
librairie.sh@harmattan.fr
01 46 34 13 71
www.librairieharmattansh.com

Librairie l'Espace Harmattan
21 bis, rue des Écoles – 75005 paris
librairie.espace@harmattan.fr
01 43 29 49 42

Lib. Méditerranée & Moyen-Orient
7, rue des Carmes – 75005 Paris
librairie.mediterranee@harmattan.fr
01 43 29 71 15

Librairie Le Lucernaire
53, rue Notre-Dame-des-Champs – 75006 Paris
librairie@lucernaire.fr
01 42 22 67 13

www.ingramcontent.com/pod-product-compliance
Lightning Source LLC
LaVergne TN
LVHW010942051026
849532LV00003B/1098